발 행 일	1판 1쇄 2025년 11월 07일
I S B N	978-89-5960-513-2
정 가	12,000원
집 필	렉스 기획팀
진 행	이영수
본문디자인	디자인 꿈틀
발 행 처	(주)렉스미디어
발 행 인	안광준
주 소	경기도 파주시 파주읍 정문로 588번길 24
대표전화	(02)849-4423
대표팩스	(02)849-4421
홈 페 이 지	www.rexmedia.net

※ 이 책은 저작권법에 따라 보호를 받는 저작물이므로 무단 전재와 무단 복제를 금지하며,
이 책 내용의 전부 또는 일부를 이용하려면 반드시 렉스미디어 출판사의 서면 동의를 받아야 합니다.

타자연습

구분	날짜	오타수	정확도	확인란
1	월 일			
2	월 일			
3	월 일			
4	월 일			
5	월 일			
6	월 일			
7	월 일			
8	월 일			
9	월 일			
10	월 일			
11	월 일			
12	월 일			

교재 자료 다운로드 방법

구분	날짜	오타수	정확도	확인란
13	월 일			
14	월 일			
15	월 일			
16	월 일			
17	월 일			
18	월 일			
19	월 일			
20	월 일			
21	월 일			
22	월 일			
23	월 일			
24	월 일			

이 책의 차례

Lesson 01	컴퓨터 너를 알고싶다	6
Lesson 02	키보드 너를 알고싶다	12
Lesson 03	마우스 너를 알고싶다	18
Lesson 04	바탕화면 예쁘게 꾸미기	24
Lesson 05	윈도우 탐색기 알아보기	30
Lesson 06	파일과 폴더 알아보기	36
Lesson 07	복사와 이동을 알아보기	42
Lesson 08	앱의 실행 및 창 알아보기	48
Lesson 09	그림판 활용하기	54
Lesson 10	그림판 3D 활용하기	60
Lesson 11	메모장으로 메모하기	66
Lesson 12	계산기로 계산하기	72

이 책의 차례

Lesson 13	Microsoft Store 앱 활용하기	78
Lesson 14	인터넷 우리동네 알아보기	84
Lesson 15	인터넷 길찾기 알아보기	90
Lesson 16	캡처 도구 알아보기	96
Lesson 17	인공지능(AI) 알아보기	102
Lesson 18	AI 머신러닝 알아보기	108
Lesson 19	마인크래프트 모험가 되기	114
Lesson 20	메타버스 체험하기	120
Lesson 21	종합 활동 문제	126
Lesson 22	종합 활동 문제	128
Lesson 23	종합 활동 문제	130
Lesson 24	종합 활동 문제	132

Lesson 01 컴퓨터 너를 알고싶다

🕹️ **배울 수 있어요!**
- 컴퓨터의 종류와 본체를 알 수 있어요.
- 운영체제와 응용 프로그램을 알 수 있어요.

컴퓨터는 어떻게 작동해요?

컴퓨터는 마치 로봇 친구처럼 여러 가지 부품과 프로그램이 함께 일하면서 우리가 원하는 일을 해줘요. 이걸 이해하려면 하드웨어, 소프트웨어, 그리고 컴퓨터의 구성을 알아야 해요.

하드웨어란 무엇인가요?

하드웨어는 눈으로 볼 수 있고 손으로 만질 수 있는 컴퓨터의 몸이에요.

소프트웨어란 무엇인가요?

소프트웨어는 눈에 보이지 않지만 컴퓨터가 일을 하게 만드는 마법의 명령이에요.

✏️ **뜻 맞히기**   인공지능(AI)에게 잘 물어보기 위한 문해력 높이기

문제   이 단어가 칭찬인지, 꾸짖는 말인지 잘 생각해 보세요.

그는 시험에서 우수한 성적을 거두었다.
이 때, '우수하다'의 뜻은 무엇일까요?

- ⊕ 특별히 좋다
- ⊕ 특별히 나쁘다
- ⊕ 평범하다
- ⊕ 어려움이 많다

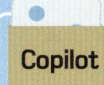 **인공지능(AI)에게 물어보기**

코파일럿 AI를 활용하여 오늘 배울 내용을 미리 알아보아요.

AI 검색 하드웨어와 소프트웨어, 그리고 컴퓨터의 구성에 대해 초등학생이 이해할 수 있도록 설명해 주세요.

1 컴퓨터의 종류를 알아보아요.

 컴퓨터의 종류에는 책상 위에 올려놓고 사용하는 데스크톱 컴퓨터, 이동이 편리한 노트북과 태블릿, 그리고 전화 기능을 함께 사용하는 스마트폰 등이 있어요.

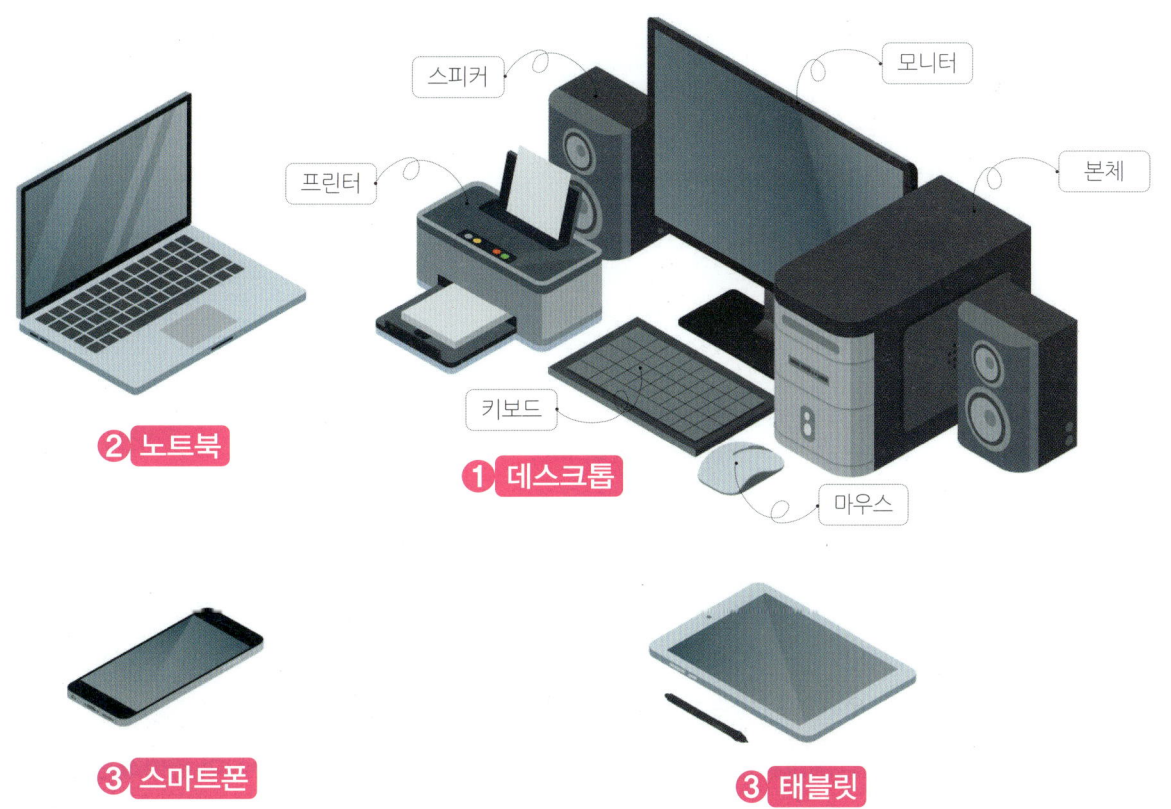

컴퓨터 종류별 특징을 알아보아요.

❶ **데스크톱 컴퓨터** : 책상 위에 올려놓고 사용하는 컴퓨터로 부피가 크지만 처리 속도와 능력이 좋아요.
❷ **노트북** : 휴대가 간편하여 어디에서도 사용할 수 있지만 화면의 크기가 비교적 작은 단점이 있어요.
❸ **태블릿** : 크기가 작고 무게가 가벼워 휴대하기 좋지만 다양하고 많은 일을 처리하기에는 부족해요.
❹ **스마트폰** : 크기가 작고 무게가 가장 가벼워 휴대가 편리하며, 전화 기능을 사용할 수 있는 장점이 있어요.

2 데스크톱 컴퓨터의 본체를 알아보아요.

01 데스크톱 컴퓨터의 본체에는 다양한 하드웨어 장치가 포함되어 있어요.

↳ 하드웨어란? 컴퓨터를 구성하는 물리적인 장치로 눈에 보이고 만질 수 있는 컴퓨터 부품을 의미해요.

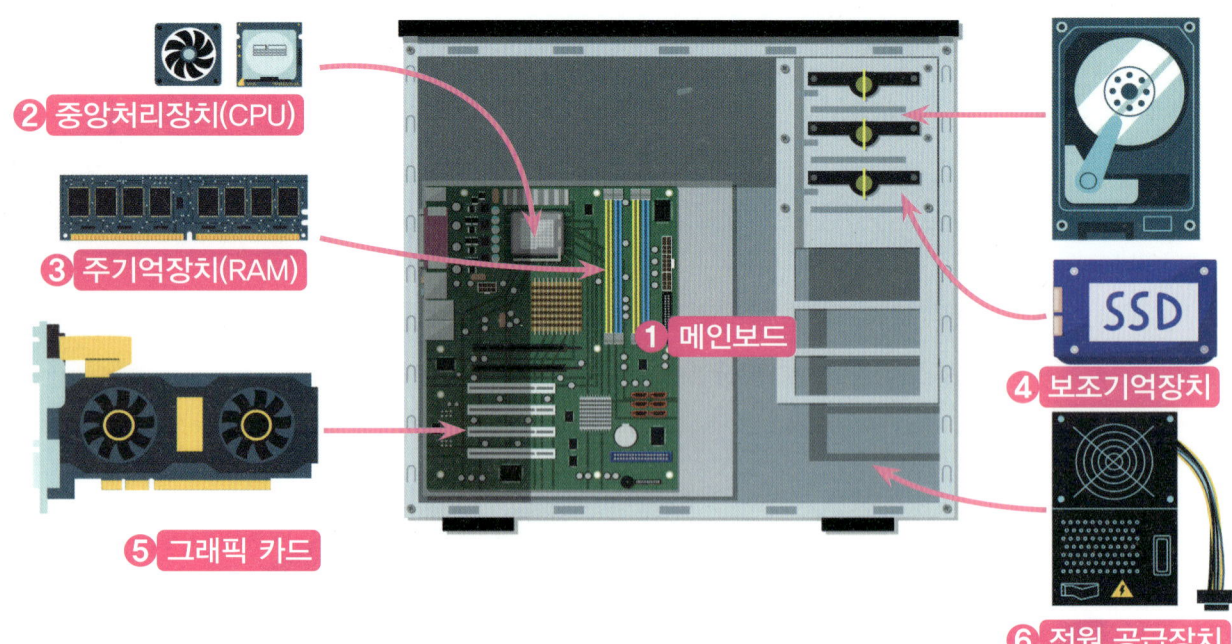

컴퓨터 본체의 구성을 알아보아요.

① **메인보드** : 컴퓨터의 모든 부품을 서로 연결하고 통신하여 작동할 수 있도록 도와주는 장치에요.

② **중앙처리장치(CPU)** : 컴퓨터의 두뇌 역할을 하는 핵심 부품으로 모든 명령을 해석하고 실행해요.

③ **주기억장치(RAM)** : 현재 실행 중인 프로그램과 데이터를 일시적으로 저장하는 공간이에요. 컴퓨터가 작업할 프로그램과 필요한 정보를 잠깐 꺼내 놓는 책상과 같은 역할을 하죠.

④ **보조기억장치(SSD, 하드디스크 등)** : 컴퓨터에서 데이터를 영구적으로 저장하는 장치를 말해요.

⑤ **그래픽 카드** : 컴퓨터에서 영상, 이미지, 그래픽 데이터를 처리하고 모니터로 출력하는 장치에요.

⑥ **전원 공급장치** : 컴퓨터에 전원을 공급하고 각 부품에 맞는 전압으로 변환하여 분배하는 역할을 해요.

3 컴퓨터를 움직이게 만들어 주는 운영체제를 알아보아요.

01 운영체제에는 마이크로소프트사의 윈도우(Windows)와 애플사의 맥(Mac) 운영체제가 있어요.
   ↳ 운영체제란? 시스템 소프트웨어라고도 하며, 컴퓨터의 핵심 관리자로 하드웨어와 소프트웨어 사이를 연결하고 사용자가 컴퓨터를 잘 사용할 수 있도록 도와주는 역할을 해요.

❶ 윈도우(Windows OS)

❷ 맥(Mac OS)

❸ 구글(Google OS)

운영체제(OS)를 알아보아요.

❶ 윈도우(Windows OS) : 마이크로 소프트사에서 개발한 그래픽 기반의 운영체제로 가장 널리 사용하고 있어요.

❷ 맥(Mac OS) : 애플(Apple)에서 개발한 Mac 컴퓨터 전용 운영체제를 말해요.

❸ 구글(Google OS) : 구글이 설계한 오픈소스(공개된 자료) 운영체제로 크롬 OS와 모바일 전용 안드로이드 OS 등을 포함해요.

4 응용 프로그램을 알아보아요.

01 응용 프로그램은 운영체제 안에서 다양한 작업을 할 수 있도록 만들어진 프로그램을 말해요.
   ↳ 응용 프로그램은 특정 작업이나 목적을 수행할 수 있도록 만들어진 소프트웨어로 한글, 파워포인트, 엑셀, 포토샵 등 다양한 작업을 위해 만들어졌으며, 운영체제 안에 설치해서 사용해요.

한컴 오피스 프로그램

마이크로소프트 오피스 프로그램

어도비 포토샵 프로그램

응용 프로그램을 알아보아요.

- **문서 작성 프로그램** : 한컴 오피스 및 마이크로소프트 오피스 등으로 한글, 파워포인트, 엑셀 등 다양한 문서 작성에 사용할 수 있어요.
- **이미지 편집 프로그램** : 어도비 포토샵, 코렐 페인트 샵 등 유료 프로그램과 포토피아, 픽슬러, 포토스케이프 등 무료 프로그램이 있어요.
- **동영상 편집 프로그램** : 어도비 프리미어, 파워디렉터 등의 전문가 프로그램과 캡컷, 필모라, 곰믹스 등 초보자도 쉽게 사용할 수 있는 프로그램 등이 있어요.

Copilot — 인공지능(AI)으로 배우는 학습 업그레이드

코파일럿 AI를 활용하여 아래의 내용을 알아보아요.

AI 검색 윈도우 11에서 컴퓨터를 켜고 끄는 방법을 알려주세요.

1 다음 중 컴퓨터의 종류로 옳지 않은 것은 무엇일까요?

❶ 노트북　　❷ 태블릿　　❸ 포토샵　　❹ 데스크톱

2 다음 중 컴퓨터 본체에 설치된 부품 중에서 영상, 이미지, 그래픽 데이터를 처리하여 모니터로 출력을 도와주는 부품은 무엇일까요?

❶ 메인보드　　❷ 그래픽카드　　❸ 전원 공급장치　　❹ 중앙처리장치

3 다음 중 운영체제의 설명으로 옳지 않은 것은 무엇일까요?

❶ 하드웨어와 소프트웨어를 연결해 주는 컴퓨터의 관리자 역할을 해요.
❷ 윈도우(Windows OS), 맥(Mac OS), 구글(Google OS) 등이 있어요.
❸ 문서 작성이나 그림 또는 동영상 편집 등에 사용하는 프로그램을 의미해요.
❹ 스마트폰에 설치되어 있는 안드로이드도 운영체제라고 해요.

4 컴퓨터의 전원을 연결하여 윈도우를 시작한 후 안전하게 컴퓨터를 종료해 보세요.

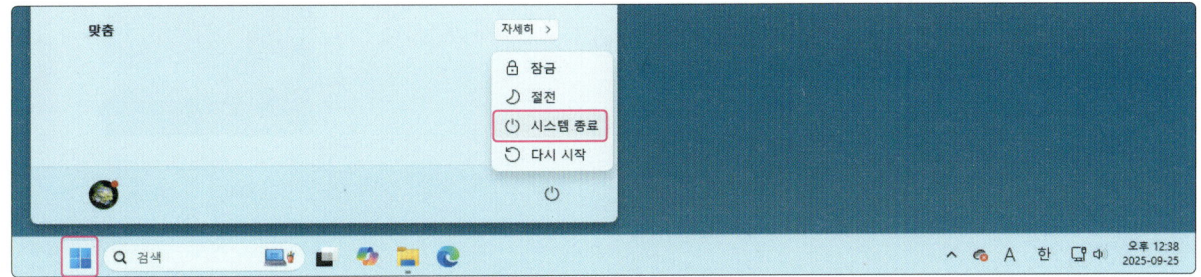

Lesson 01 • 컴퓨터 너를 알고싶다　11

Lesson 02 키보드 너를 알고싶다

📍 **배울 수 있어요!**
- 키보드의 사용 방법을 알 수 있어요.
- 키보드의 자판 기능을 알 수 있어요.

키보드는 어떻게 사용하나요?

키보드는 컴퓨터와 대화하는 마법의 도구에요.
우리가 글자를 쓰거나 명령을 내릴 때 꼭 필요한 도구라고 할 수 있어요.
여러 개의 버튼(키)이 있고, 각각의 키는 글자, 숫자, 기호를 나타내요.

키보드의 입력 방법을 자세히 알려주세요.

'안녕' 입력하기	먼저, 키보드에서 [한/영] 키를 눌러 한글 상태로 바꿔요. 자음, 모음, 받침 순서로 키보드의 'ㅇ' ⇨ 'ㅏ' ⇨ 'ㄴ' ⇨ 'ㄴ' ⇨ 'ㅕ' ⇨ 'ㅇ' 순서로 입력해요.
'ㄱ' 입력하기	먼저, 키보드에서 [한/영] 키를 눌러 한글 상태로 바꿔요. 키보드의 [Rㄲㄱ]을 입력해요.
'ㄲ' 입력하기	먼저, 키보드에서 [한/영] 키를 눌러 한글 상태로 바꿔요. 키보드의 [Shift]를 누르고 [Rㄲㄱ]을 입력해요.

막 두들기는 중~

문맥 속 단어 고르기
인공지능(AI)에게 잘 물어보기 위한 문해력 높이기

문제 봄에 꽃이 피는 모습을 상상해 보세요.

봄이 되자 들판에 꽃이 _____ 피어났다.
밑줄에 들어갈 단어로 옳은 것은 무엇일까요?

- ➕ 활짝
- ➕ 어둡게
- ➕ 슬프게
- ➕ 서둘러

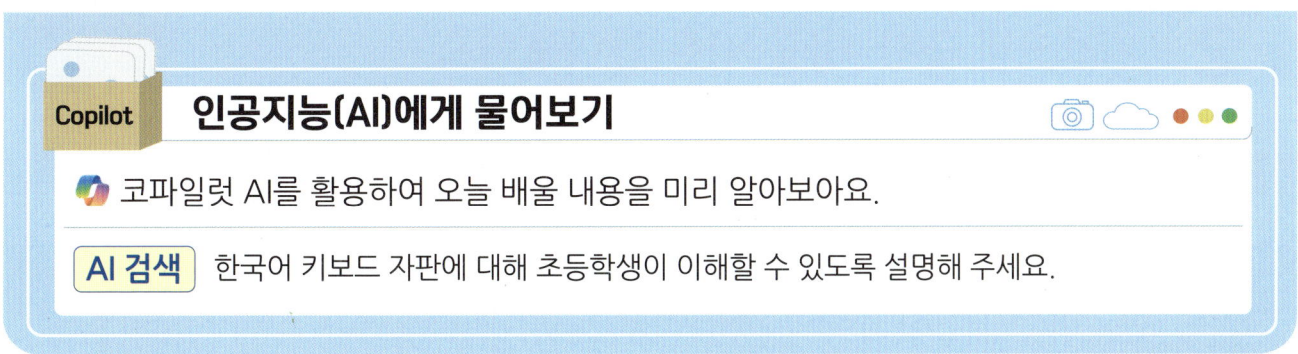

1. 손가락 명칭과 키보드에 올리는 자세를 알아보아요.

01 손가락의 명칭을 알아보아요.

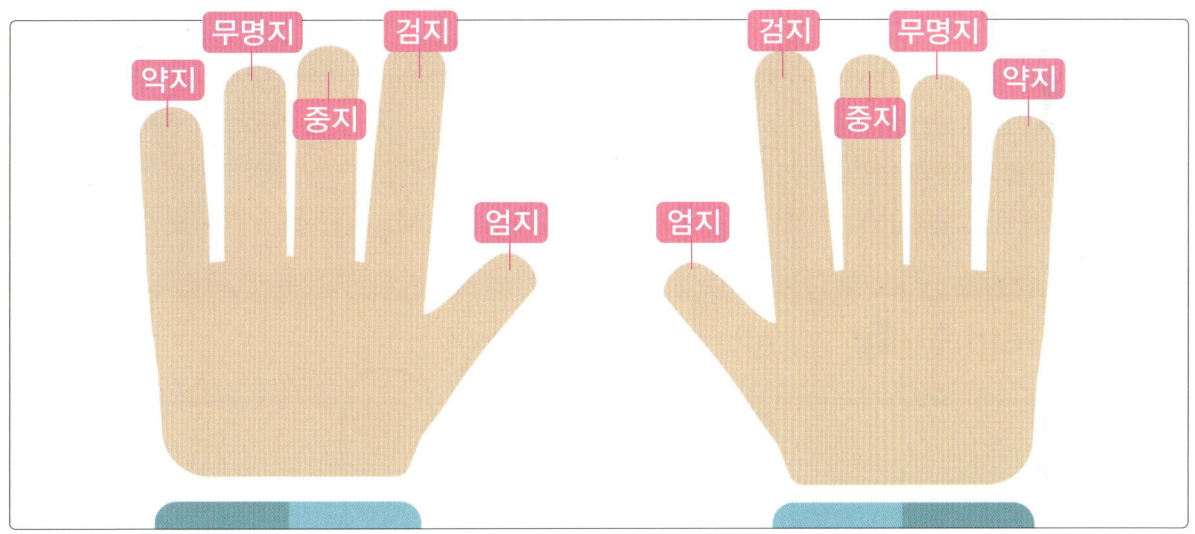

02 왼손은 약지부터 A / S / D / F 에 손가락이 위치하고 오른손은 검지부터 J / K / L / : 에 위치하도록 올려놓아요. 아래 그림처럼 손가락과 키보드의 키를 누르는 색을 확인해 보아요.

↪ 왼손 검지가 위치한 F 와 오른손 검지가 위치한 J 에는 약간 튀어나온 부분이 감지되어 키보드를 안보고도 알 수 있어요.

 **키보드의 글자 키(글쇠)를 알아보아요.**

01 아래의 키보드 그림을 참고하여 우리가 사용하는 키보드에는 어떤 키(글쇠)들이 있는지 알아보아요.

❶ `Esc` (이에스씨) : 명령을 취소할 수 있어요.

❷ `Tab` (탭) : 일정한 간격(8칸)을 띄우거나 다음 단계로 이동할 수 있어요.

❸ `CapsLock` (캡스락) : 영문자 대문자 또는 소문자를 선택할 수 있어요.

❹ `Shift` (시프트) : 한글의 쌍자음 또는 특수문자를 입력할 수 있어요.

❺ `Ctrl` (컨트롤) / `Alt` (알트) : 혼자서는 사용할 수 없고 다른 키와 조합하여 사용해요.

❻ ▤ (윈도우) : 시작 메뉴를 나타낼 수 있고 다른 키와 조합하여 명령을 실행해요.

❼ `한자` (한자) : 한글을 한자로 변경할 수 있어요.

❽ `SpaceBar` (스페이스바) : 한 칸씩 글자 사이를 띄울 수 있어요.

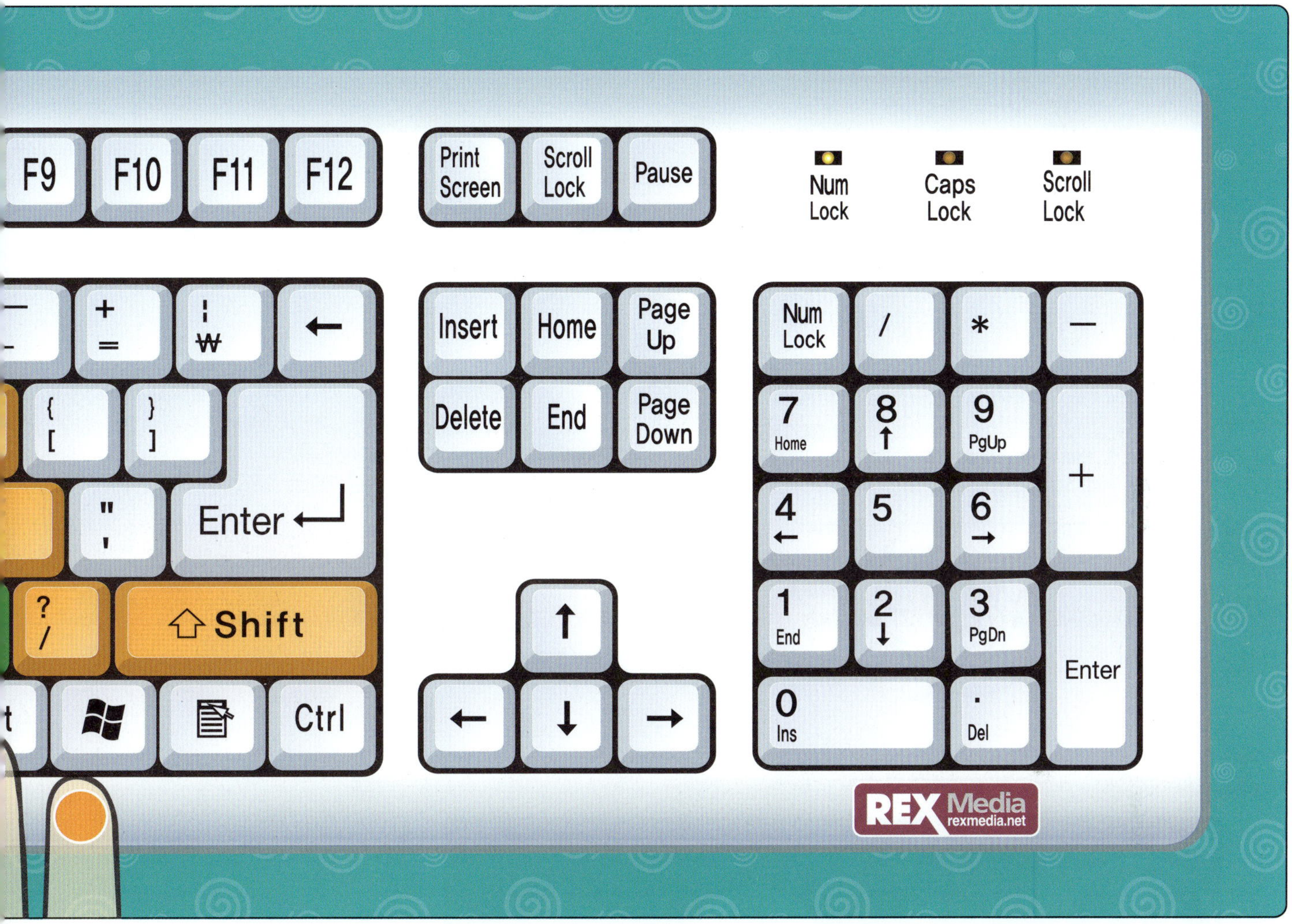

❾ 한/영 (한/영) : 한글 또는 영어로 전환할 수 있어요.
❿ Enter (엔터) : 명령을 실행하거나 줄을 바꿀 때 사용해요.
⓫ BackSpace (백스페이스) : 커서의 앞쪽 글자를 삭제해요.
⓬ Insert (인서트) : 삽입 또는 수정 상태로 바꿀 수 있어요.
⓭ Delete (딜리트) : 커서의 뒤쪽 글자를 삭재해요.
⓮ Home (홈) / End (엔트) : 맨 앞쪽으로 이동 혹은 맨 뒤쪽으로 이동해요.
⓯ PageUp (페이지 업) / PageDown (페이지 다운) : 페이지의 위/아래 위치로 이동해요.
⓰ NumLock (넘락) : 키패드를 숫자키 또는 방향키 상태로 전환할 수 있어요.

3 타자 연습 프로그램으로 키보드의 자판을 익혀요.

01 인터넷에서 'K마블'을 검색한 후 검색 목록에서 [K마블, K-MABL]을 클릭해요.

02 K마블로 이동하면 [비회원 체험하기]를 클릭해요.

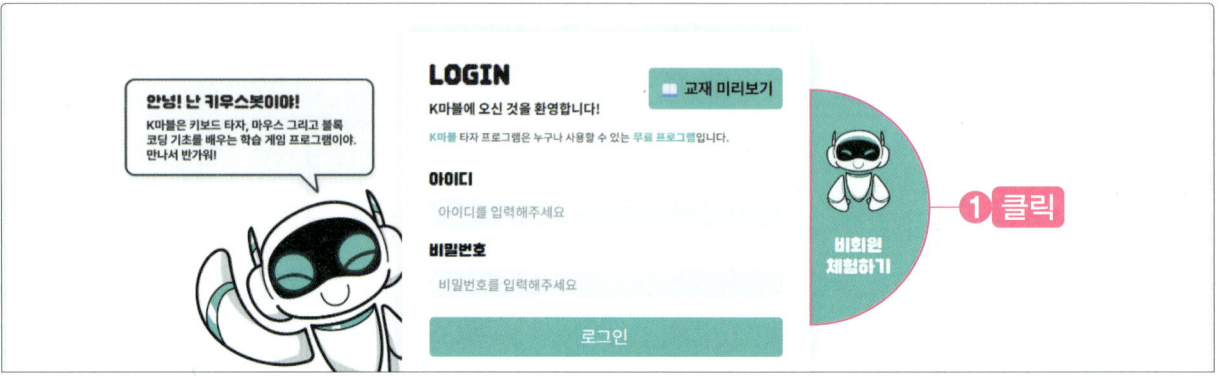

03 K마블에서 키보드 학습 게임을 시작해요.

04 K마블의 키보드 학습게임에서 [키보드 자리 연습]을 시작해요.

Copilot — 인공지능(AI)으로 배우는 학습 업그레이드

코파일럿 AI를 활용하여 아래의 내용을 알아보아요.

AI 검색 세계의 주요 키보드 자판 중에서 가장 많이 사용하는 자판 배열에 대해 알려주세요.

1 K마블에서 키보드 음성을 듣고 단어를 입력하는 키보드 받아치기 연습을 해보세요.

2 K마블에서 그림을 보고 연상되는 단어를 입력하는 단어 연상 게임을 해보세요.

Lesson 02 • 키보드 너를 알고싶다 17

마우스 너를 알고싶다

배울 수 있어요!
- 마우스의 사용 방법을 알 수 있어요.
- 마우스의 버튼 기능을 알 수 있어요.

마우스는 어떻게 사용하나요?

마우스는 컴퓨터에서 손처럼 움직이는 도구에요.
우리가 클릭하거나 움직이면 컴퓨터가 그걸 알아보고 일을 해줘요.
마우스는 보통 2개의 버튼과 가운데 휠(돌리는 바퀴)이 있어요.

- 선택하거나 실행할 때 사용해요.
- 특별한 메뉴(바로 가기 메뉴)를 열어줘요.
- 화면을 위/아래로 움직이게 해줘요.

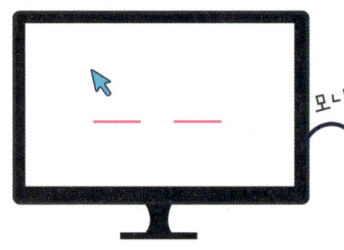

어? 모니터에 마우스 포인터가 왜 안움직이지?

선이 빠졌잖아!

유사어, 반대어 찾기

인공지능(AI)에게 잘 물어보기 위한 문해력 높이기

문제 즐겁다와 비슷한 기분을 떠올려 보세요.

'즐겁다'와 비슷한 말은 무엇일까요?

- 기쁘다
- 우울하다
- 답답하다
- 괴롭다

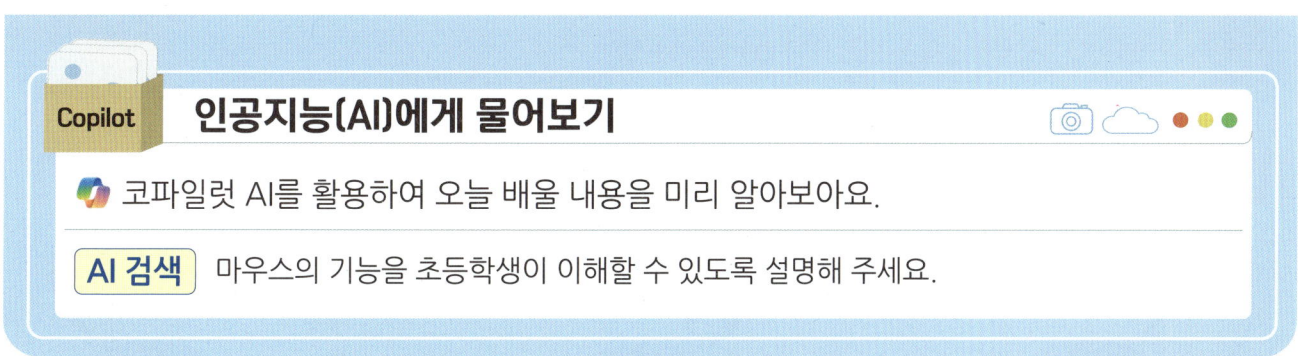

Copilot 인공지능(AI)에게 물어보기

코파일럿 AI를 활용하여 오늘 배울 내용을 미리 알아보아요.

AI 검색 마우스의 기능을 초등학생이 이해할 수 있도록 설명해 주세요.

1 마우스의 명칭과 잡는 방법을 알아보아요.

01 마우스를 알아보아요.

  컴퓨터의 입력장치 중 마우스는 본체와 선(케이블)이 연결된 동그란 장치로 마치 쥐를 닮았다고 해서 붙었어요.

02 마우스를 잡을 때는 마우스를 감싼 손으로 V모양이 되도록 왼쪽 단추 위에 검지 손가락을, 오른쪽 단추 위에 중지 손가락을 올려놓아요.

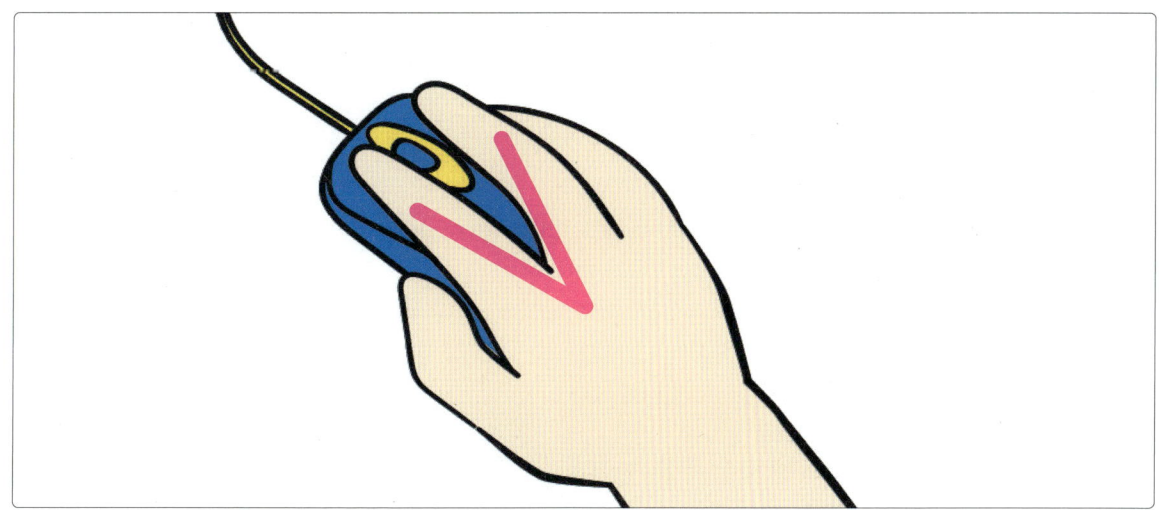

2 마우스의 기능을 알아보아요.

01 마우스는 클릭과 더블클릭, 드래그 그리고 휠을 굴리는 방법으로 컴퓨터에 신호를 보내요.

❶ **클릭** : 검지를 이용하여 마우스 왼쪽 단추를 한 번 눌러요.
   ↳ 기능 : 아이콘을 선택할 때 사용해요.

❷ **더블클릭** : 검지를 이용하여 마우스 왼쪽 단추를 빠르게 두 번 연속으로 눌러요.
   ↳ 기능 : 아이콘을 실행할 때 사용해요.

❸ **오른쪽 클릭** : 중지를 이용하여 마우스 오른쪽 단추를 한 번 눌러요.
   ↳ 기능 : 바로 가기 메뉴를 표시할 때 사용해요.

❹ **드래그** : 검지로 마우스 왼쪽 단추를 누르고 이동할 위치까지 움직여요.
   ↳ 기능 : 아이콘을 이동할 때 사용해요.

❺ **휠 굴리기** : 휠을 검지로 위로 또는 아래로 굴려요.
   ↳ 기능 : 화면을 위/아래 또는 확대/축소 할 때 사용해요.

3 바탕화면의 아이콘으로 마우스를 연습해요.

01 바탕화면의 휴지통( ) 아이콘을 클릭하면 선택할 수 있어요.

02 휴지통( ) 아이콘을 마우스로 드래그하면 이동할 수 있어요.

03 휴지통( ) 아이콘에서 마우스 오른쪽 단추를 누르면 바로 가기 메뉴가 나타나며, Esc 를 누르면 취소할 수 있어요. ✎ 바로 가기 메뉴는 해당 아이콘에서 바로 실행할 수 있는 메뉴 목록을 말해요.

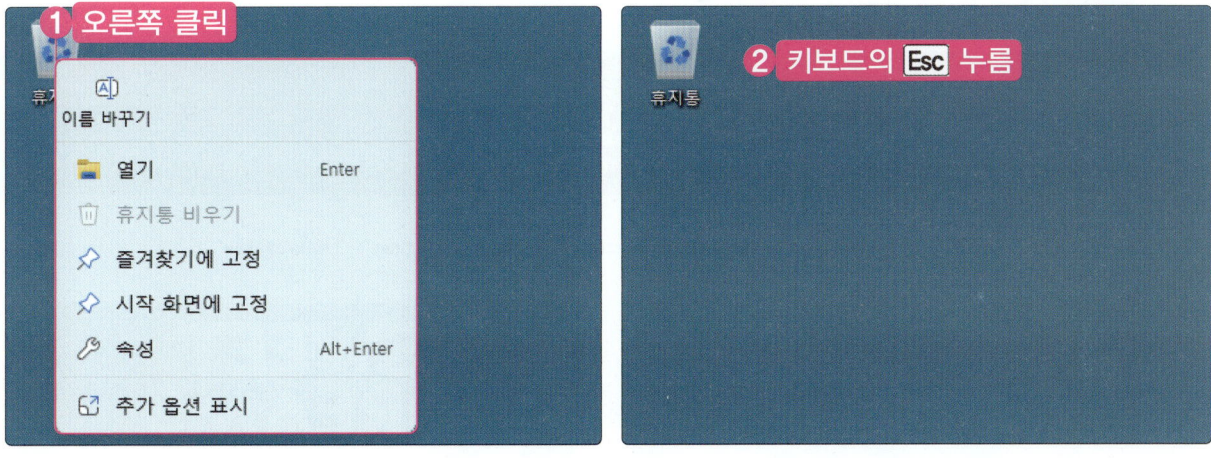

04 휴지통( ) 아이콘을 더블클릭하면 실행하여 창이 열리고 닫기(✕)를 클릭하면 창이 닫혀요.

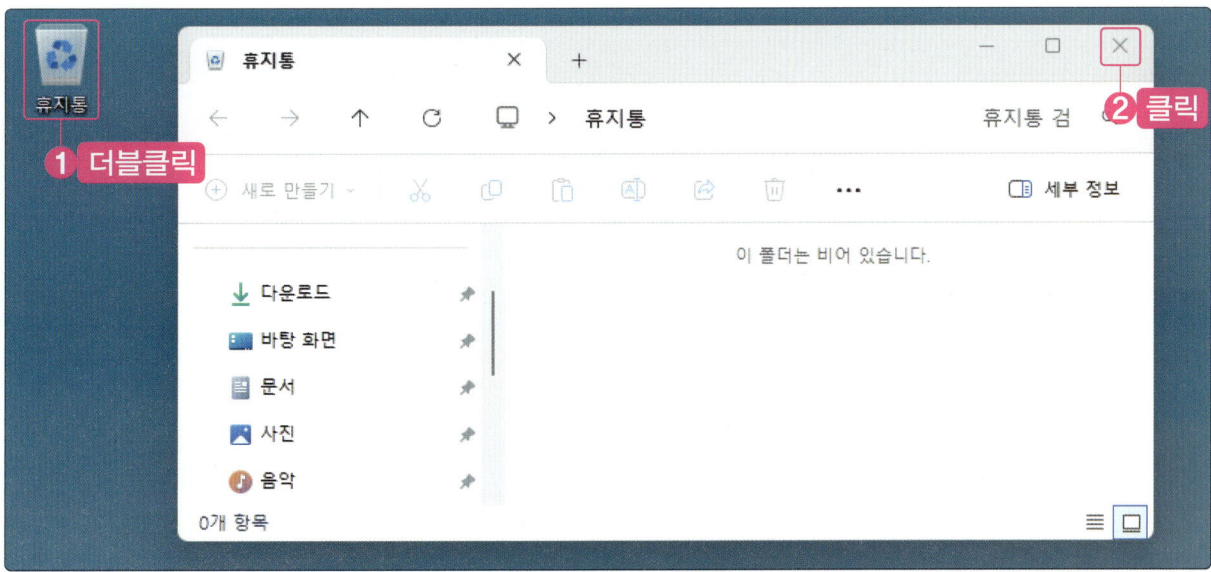

Lesson 03 • 마우스 너를 알고싶다

4 게임을 하면서 마우스를 연습해요.

01 인터넷에서 '내셔널지오그래픽 키즈'를 검색한 후 [National Geographic Kids]를 클릭해요.

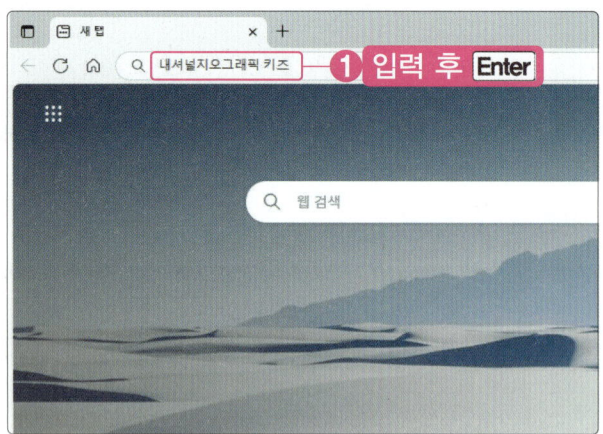 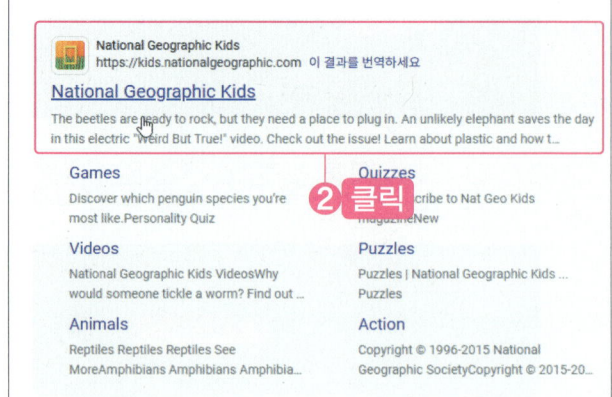

02 내셔널지오그래픽 화면에서 [게임]-[PIZZLES(퍼즐)]을 클릭해요.

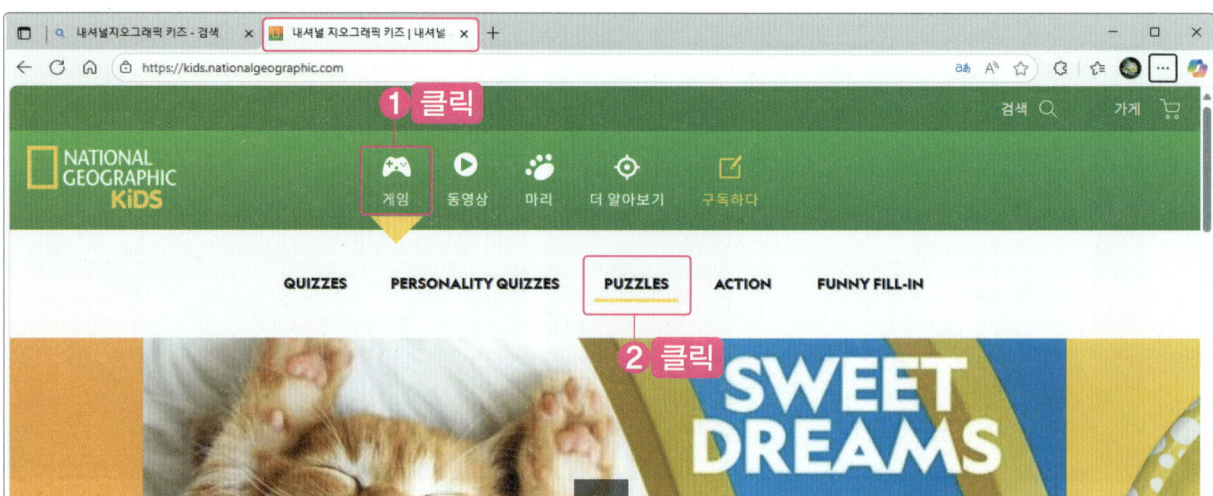

03 퍼즐 화면이 표시되면 다양한 퍼즐 게임을 통해 마우스를 연습해요.

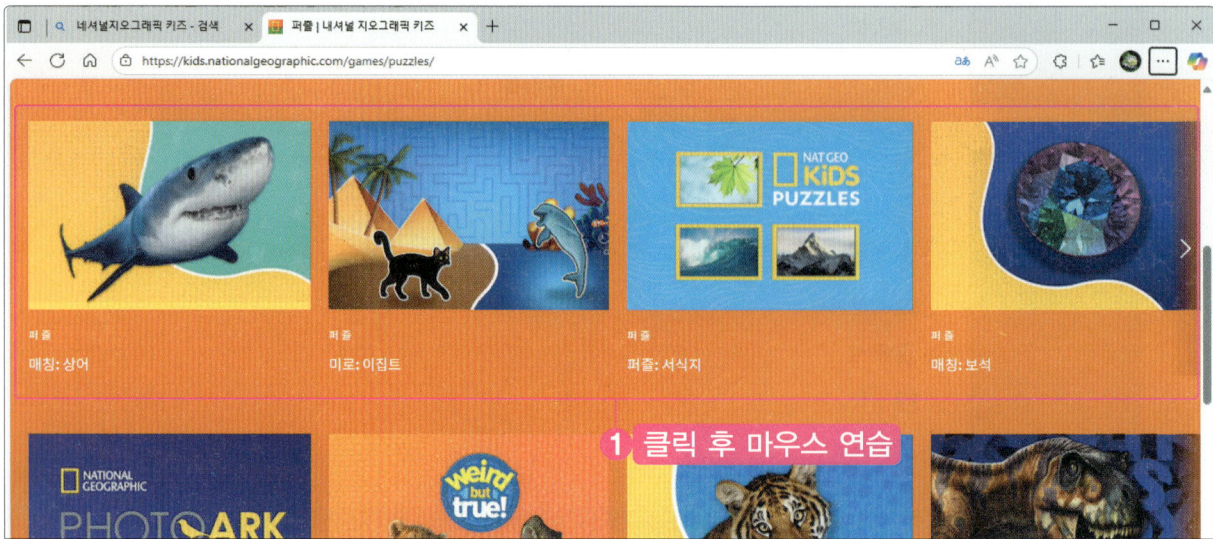

Copilot 인공지능(AI)으로 배우는 학습 업그레이드

코파일럿 AI를 활용하여 아래의 내용을 알아보아요.

AI 검색 마우스의 유래에 대해 초등학생이 이해할 수 있도록 설명해 주세요.

❶ 내셔널지오그래픽 키즈에서 [게임]-[Action]을 클릭한 후 액션 게임을 통해 마우스를 연습해 보세요.

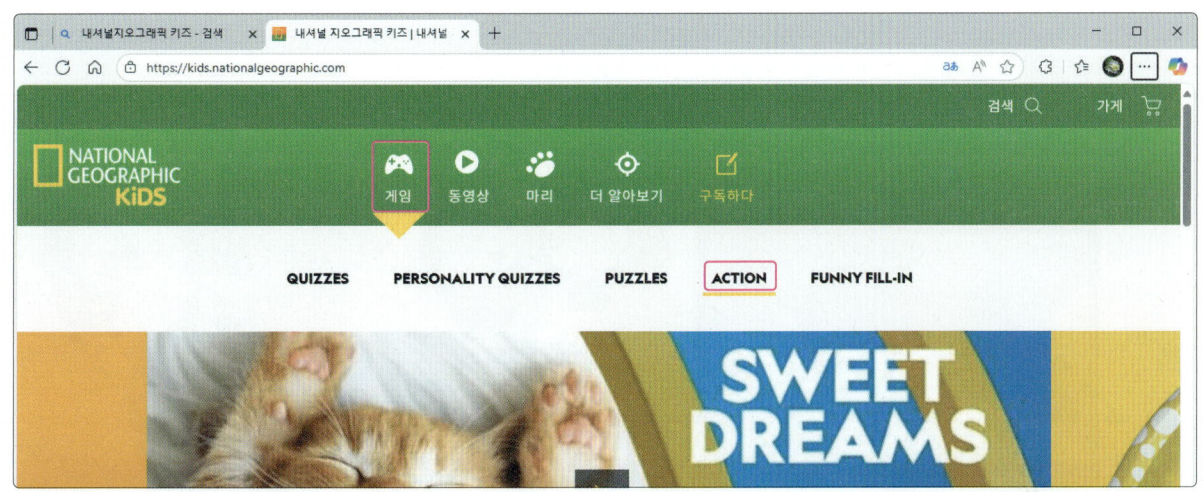

Lesson 03 • 마우스 너를 알고싶다   23

Lesson 04 바탕화면 예쁘게 꾸미기

🔴 **배울 수 있어요!**
- 바탕화면의 배경을 변경할 수 있어요.
- 화면 보호기를 사용할 수 있어요.

바탕화면이 뭔가요?

바탕화면은 컴퓨터를 켰을 때 처음 보이는 화면을 말해요.
우리가 좋아하는 사진이나 그림으로 바탕화면을 꾸밀 수 있어요.
바탕화면을 바꾸기 위해서는 [개인 설정]을 이용하며, 배경, 색, 테마, 잠금 화면 등을 수정할 수 있어요.

🖍️ 속담·관용구 인공지능(AI)에게 잘 물어보기 위한 문해력 높이기

문제 혼자보다 여럿이 하면 쉬운 일이 무엇일까요?

'백지장도 맞들면 낫다'의 뜻은 무엇일까요?

- 얇은 종이는 쉽게 찢어진다
- 힘든 일도 여럿이 하면 쉽다
- 글씨는 하얀 종이에 써야 한다
- 여러 명이 있으면 시끄럽다

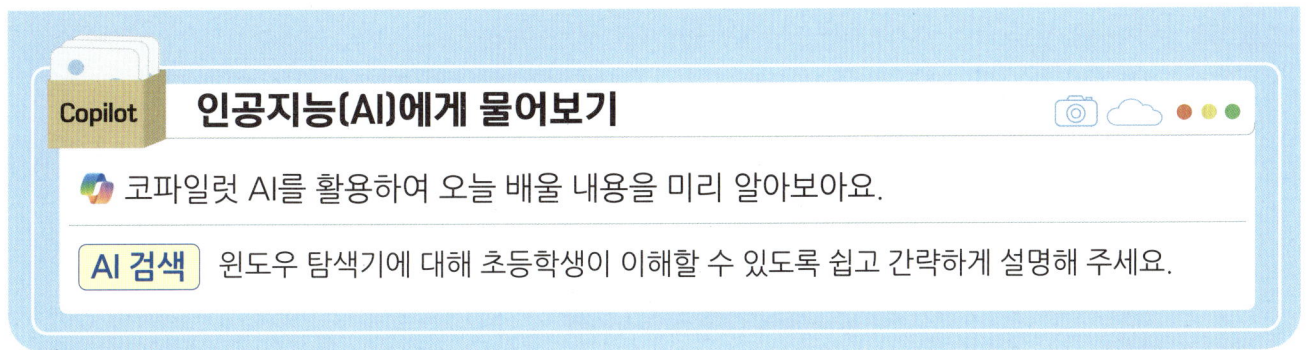

1 윈도우 바탕화면을 변경해요.

01 바탕화면의 빈 공간에서 마우스 오른쪽 단추를 눌러 [개인 설정]을 클릭한 후 [배경]을 클릭해요.

↳ [시작()]-[설정]을 클릭한 후 [개인 설정]을 클릭해도 [개인 설정] 화면을 표시할 수 있어요.

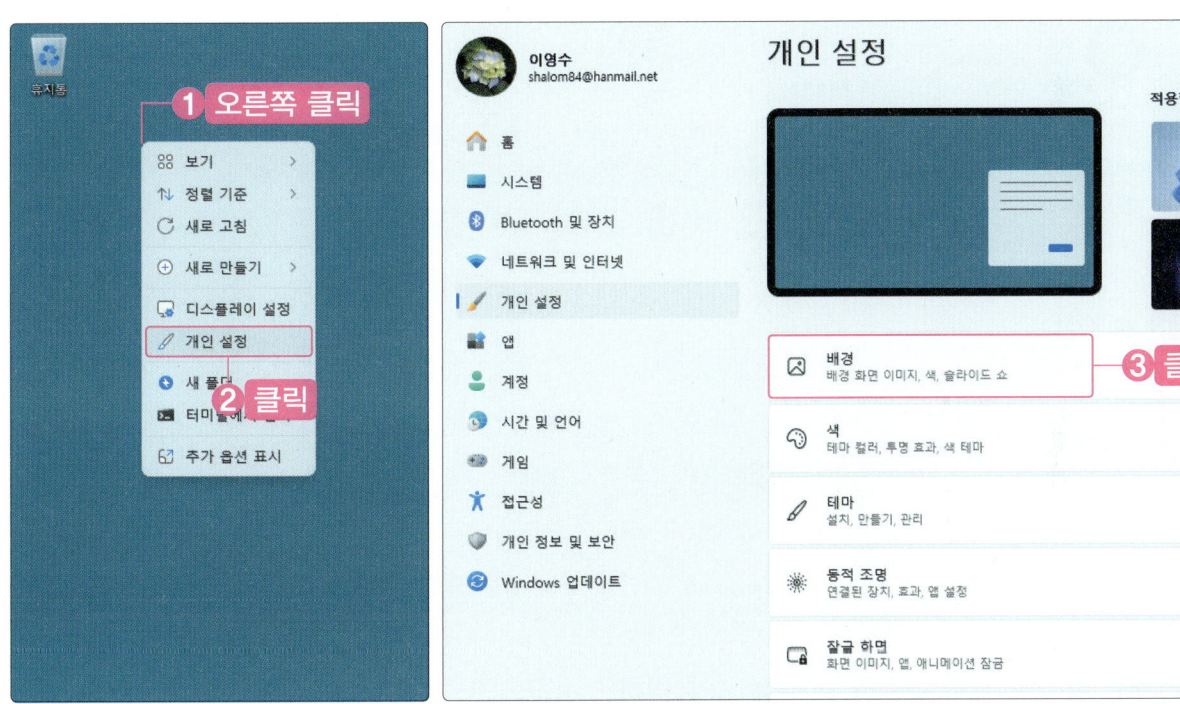

02 [개인 설정]-[배경] 화면에서 배경 개인 설정 항목을 [슬라이드 쇼]로 선택해요.

Lesson 04 • 바탕화면 예쁘게 꾸미기

03 [슬라이드 쇼 사진 앨범 선택] 항목의 [찾아보기]를 클릭해요.

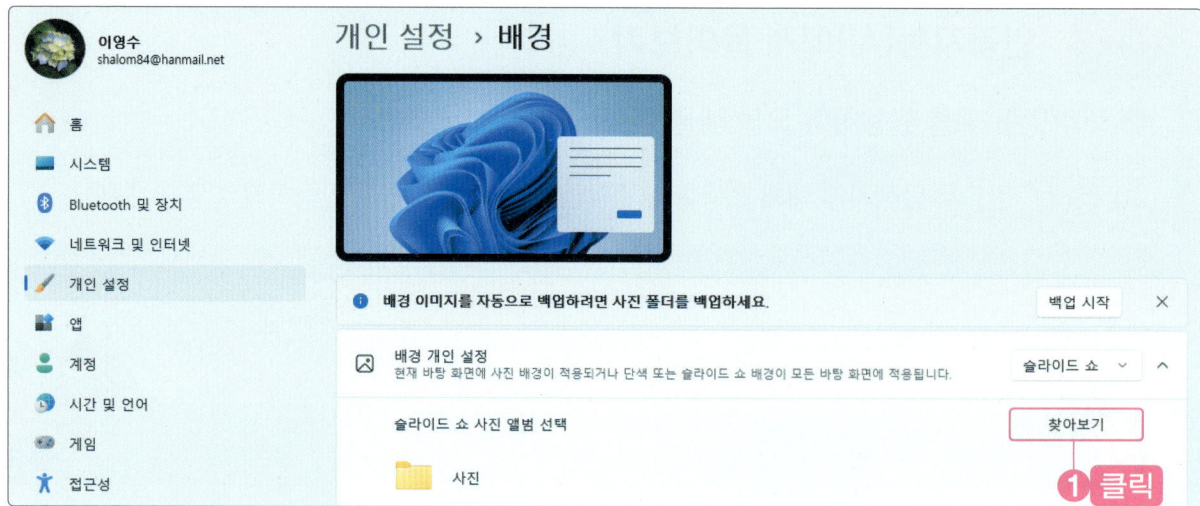

04 [폴더 선택] 대화상자에서 [4차시] 폴더를 선택하고 사진 변경 간격을 [1분]으로 수정해요.

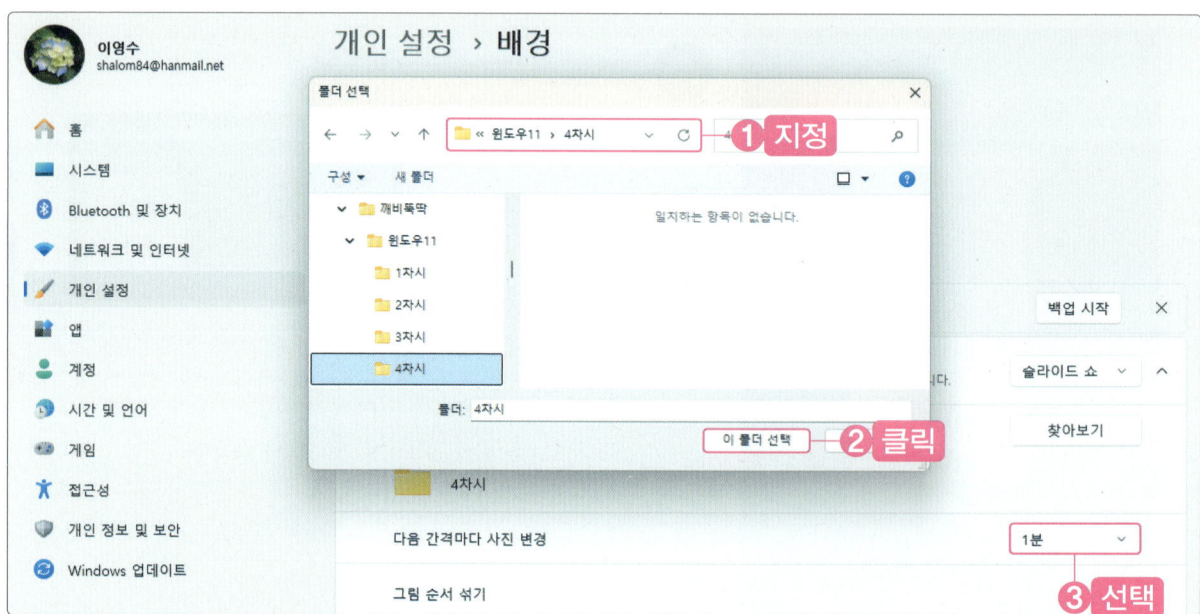

05 [개인 설정]-[배경] 화면의 닫기(✕)를 클릭하면 바탕화면의 배경이 변경된 것을 확인할 수 있어요.

2 바탕화면을 단색의 배경으로 변경해요.

01 바탕화면의 빈 공간에서 마우스 오른쪽 단추를 눌러 [개인 설정]을 클릭한 후 [배경]을 클릭해요.

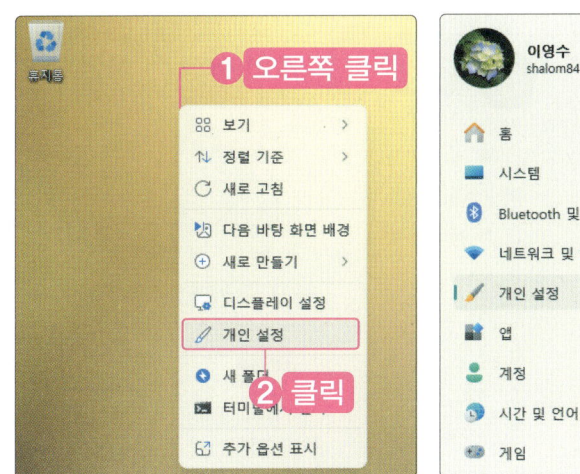
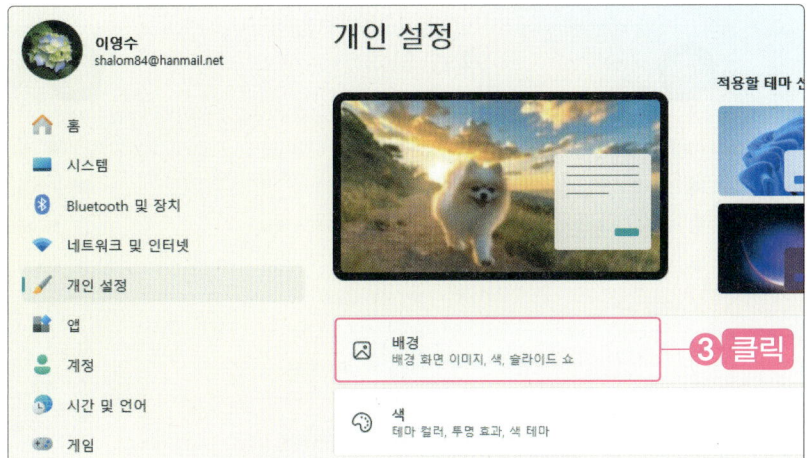

02 [개인 설정]-[배경] 화면에서 배경 개인 설정 항목을 [단색]으로 선택한 후 원하는 배경색을 선택하면 바탕화면의 배경이 선택한 색으로 바껴요.

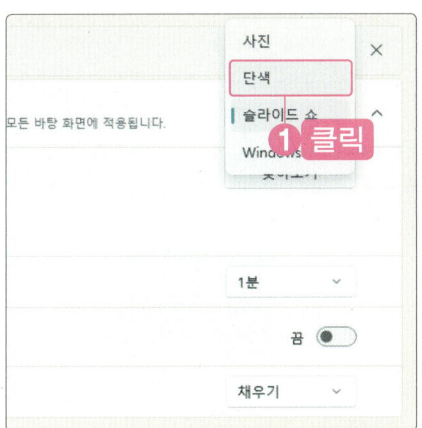

윈도우 화면을 다크모드로 바꾸는 방법을 알아보자!

- 다크모드란? 화면이 전반적인 색상을 어두운 톤으로 바꾸는 기능이에요.
- 눈의 피로를 줄이고 밤이나 어두운 환경에서 작업할 때 사용해요.
- [개인설정] 화면의 [색]을 클릭한 후 [모드 선택]-[다크]를 선택하면 바꿀 수 있어요.

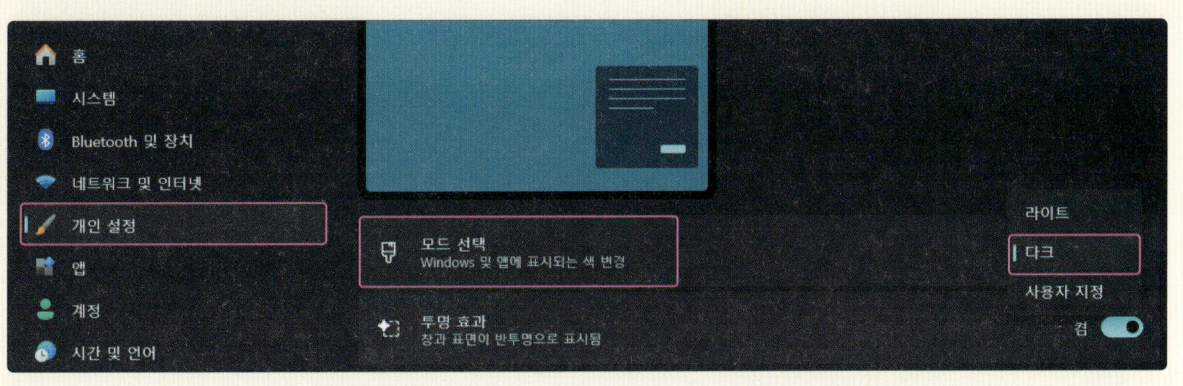

컴퓨터를 잠시 사용하지 않을 땐 화면 보호기를 켜요.

01 [개인 설정]-[잠금 화면]으로 이동한 후 [화면 보호기]를 클릭해요.

02 [화면 보호기 설정] 대화상자가 나타나면 화면 보호기(비눗방울)를 선택한 후 대기 시간(1분)을 지정한 다음 [확인]을 클릭해요.

03 대기 시간(1분) 동안 컴퓨터를 사용하지 않을 때 자동으로 화면 보호기가 나타나요.

Copilot 인공지능(AI)으로 배우는 학습 업그레이드

코파일럿 AI를 활용하여 아래의 내용을 알아보아요.

AI 검색 윈도우 11에서 화면 보호기에 대해 초등학생이 이해할 수 있도록 쉽게 설명해 주세요.

❶ 바탕화면을 윈도우 추천 테마로 변경해 보세요.

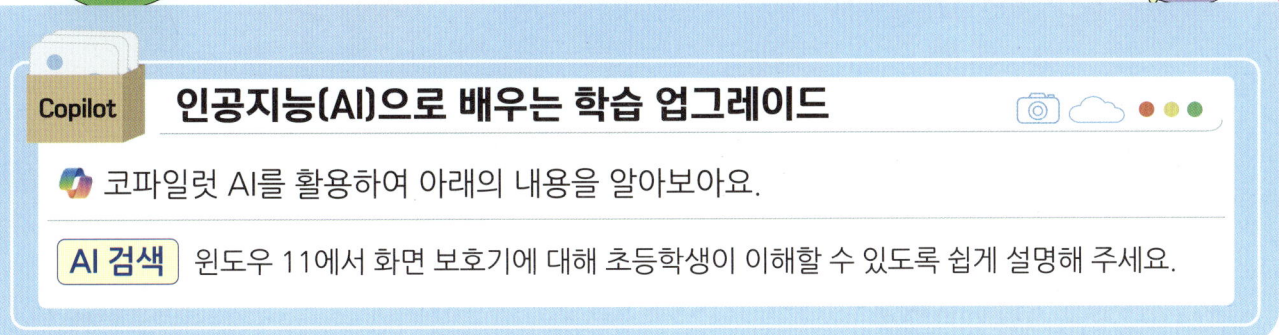

❷ 화면 보호기로 3차원 텍스트(잠시 자리를 비웁니다.) 메시지가 표시되도록 설정해 보세요.

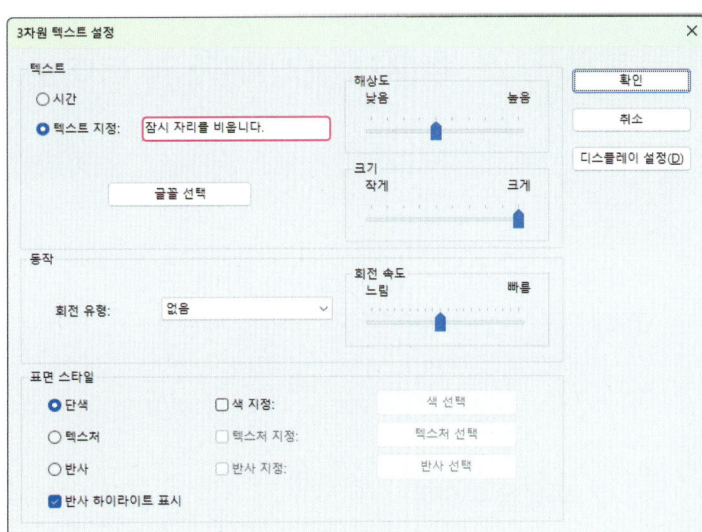

Lesson 04 • 바탕화면 예쁘게 꾸미기

윈도우 탐색기 알아보기

배울 수 있어요!
- 윈도우 탐색기를 알 수 있어요.
- 윈도우 탐색기의 보기 방식을 알 수 있어요.

윈도우 탐색기란?

윈도우 탐색기란 컴퓨터 안에 있는 파일이나 폴더를 쉽게 찾을 수 있게 도와주는 도구에요.
마치 학교 책상의 서랍이나 가방 안 주머니 처럼 컴퓨터 안에 뭐가 어디에 있는지 보여주는 장치죠.

그림판에서 그림을 그리고 저장한 후 그 그림을 다시 보고 싶을 때 윈도우 탐색기를 열면 그림이 어디에 저장되어 있는지 쉽게 찾을 수 있어요.

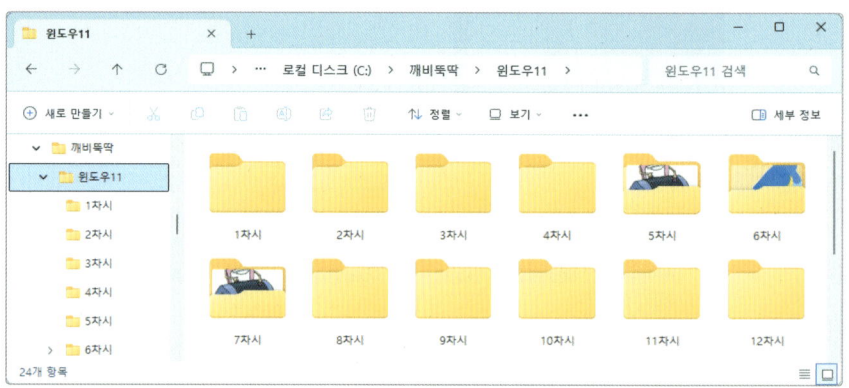

뜻 맞히기 — 인공지능(AI)에게 잘 물어보기 위한 문해력 높이기

문제 누군가 정성을 다해 하는 모습을 떠올려 보세요.

어머니는 늘 정성스럽게 음식을 차려 주셨다.
이 때, '정성스럽게'의 뜻은 무엇일까요?

- 대충
- 성의 없이
- 마음을 다하여
- 서둘러

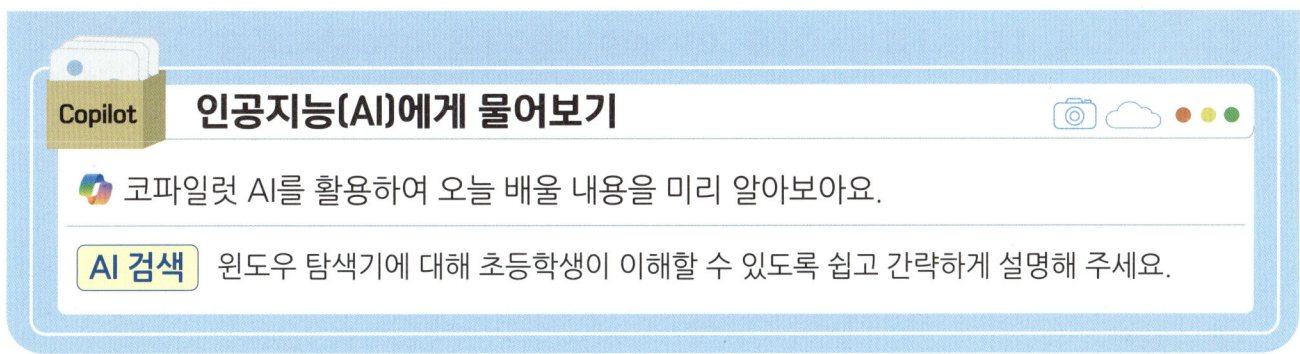

Copilot 인공지능(AI)에게 물어보기

🔵 코파일럿 AI를 활용하여 오늘 배울 내용을 미리 알아보아요.

AI 검색 윈도우 탐색기에 대해 초등학생이 이해할 수 있도록 쉽고 간략하게 설명해 주세요.

1 파일 탐색기를 실행해요.

01 작업 표시줄의 [파일 탐색기(📁)]를 클릭하면 [파일 탐색기] 창이 열려요.

👉 [시작(⊞)]-[모두]를 클릭한 후 [파일 탐색기]를 클릭해도 실행 가능해요.

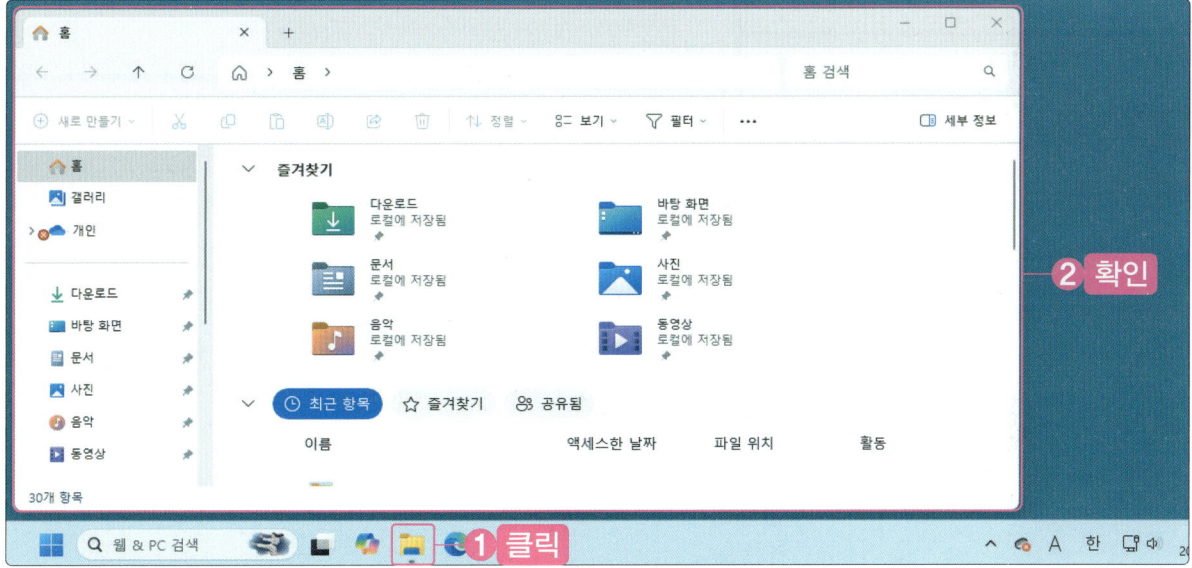

02 [내 PC]-[로컬 디스크 (C:)]-[깨비뚝딱]을 순서대로 클릭하여 이동해요.

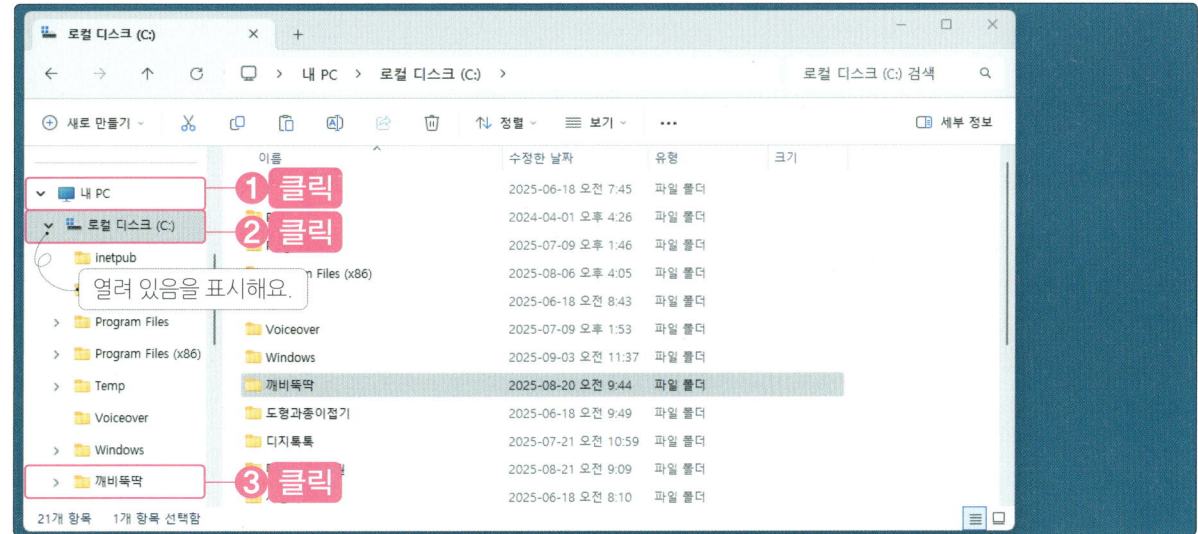

열려 있음을 표시해요.

Lesson 05 • 윈도우 탐색기 알아보기 31

2 탐색기를 이용한 이동 및 보기 방식을 알아보아요.

01 [깨비뚝딱]-[윈도우11]-[5차시]를 순서대로 클릭하여 이동해요.

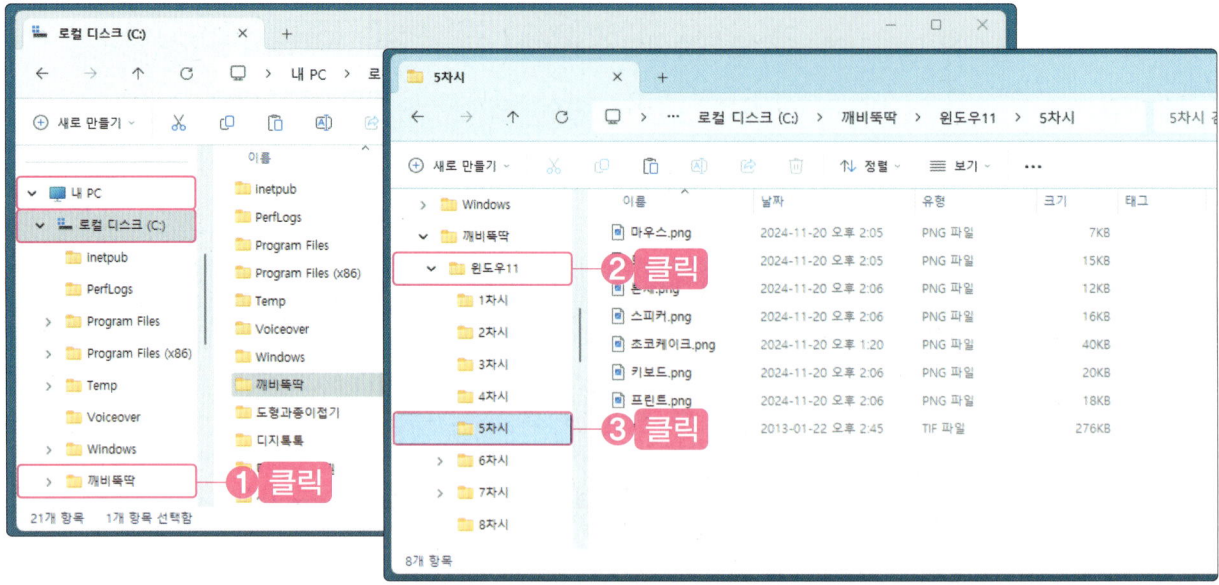

02 [보기]-[큰 아이콘]을 클릭하면 [5차시] 폴더의 내용을 크게 볼 수 있어요.

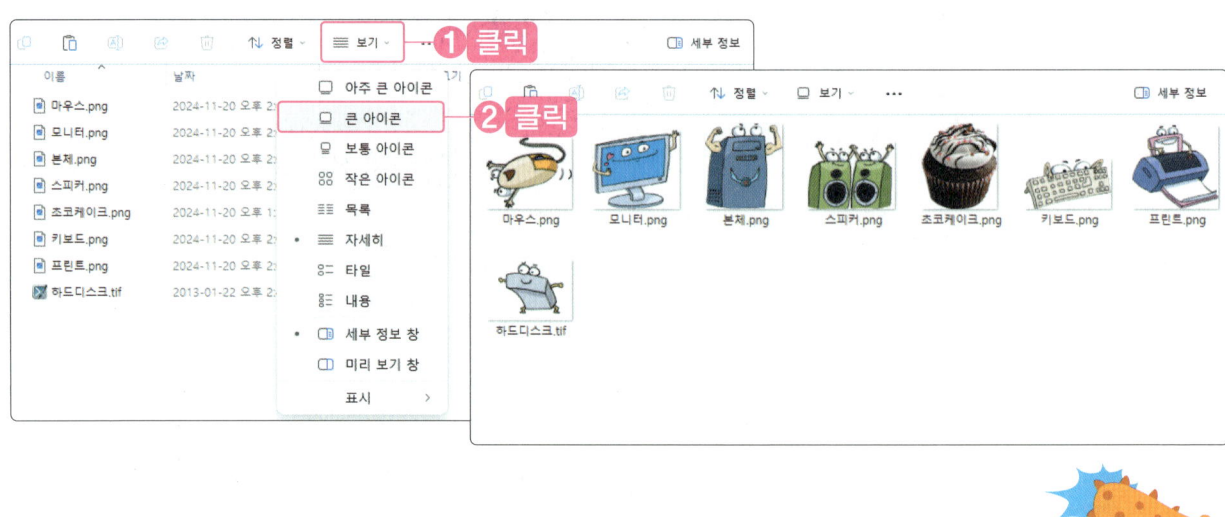

파일 탐색기의 보기 방식을 알아보자!

3 확장명 표시/숨기기와 파일을 순서대로 정렬해요.

01 [보기]-[표시]-[파일 확장명]을 클릭하여 체크하면 확장명이 표시되고 체크 해제하면 숨겨져요.

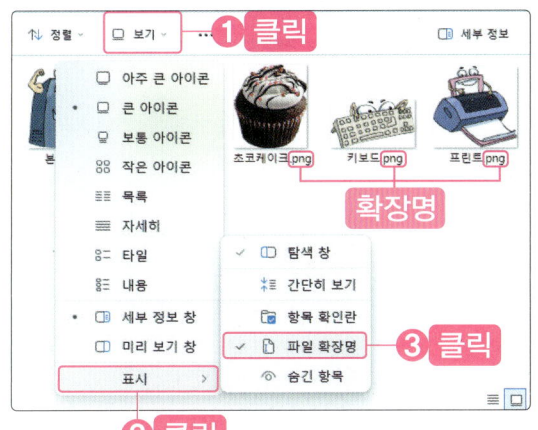 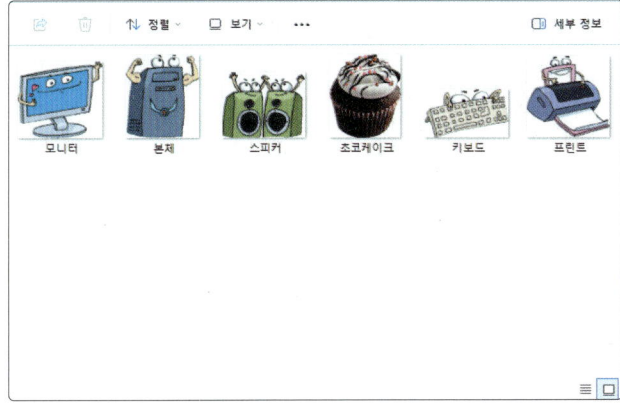

파일의 꼬리표! 확장명을 알아보자!

- 컴퓨터에서 파일은 이름만 가지고는 어떤 종류인지 알수 없어요. 그래서 파일 이름 뒤에 붙는 특별한 꼬리표를 붙였죠. 그걸 확장명이라고 해요.
- 사진 : 파일이름.png, 파일이름.jpg, 파일이름.tif, 파일이름.gif, 파일이름.bmp 등
- 문서 : 파일이름.txt, 파일이름.hwpx, 파일이름.docx, 파일이름.pdf, 파일이름.rtf 등
- 동영상 : 파일이름.mp4, 파일이름.avi, 파일이름.mov, 파일이름.mkv, 파일이름.wmv 등
- 소리 : 파일이름.mp3, 파일이름.wav, 파일이름.aac, 파일이름.ogg, 파일이름.wma 등

02 파일 목록 창에서 [이름]을 클릭하면 오름차순/내림차순 순서대로 다시 나열하여 표시해요.

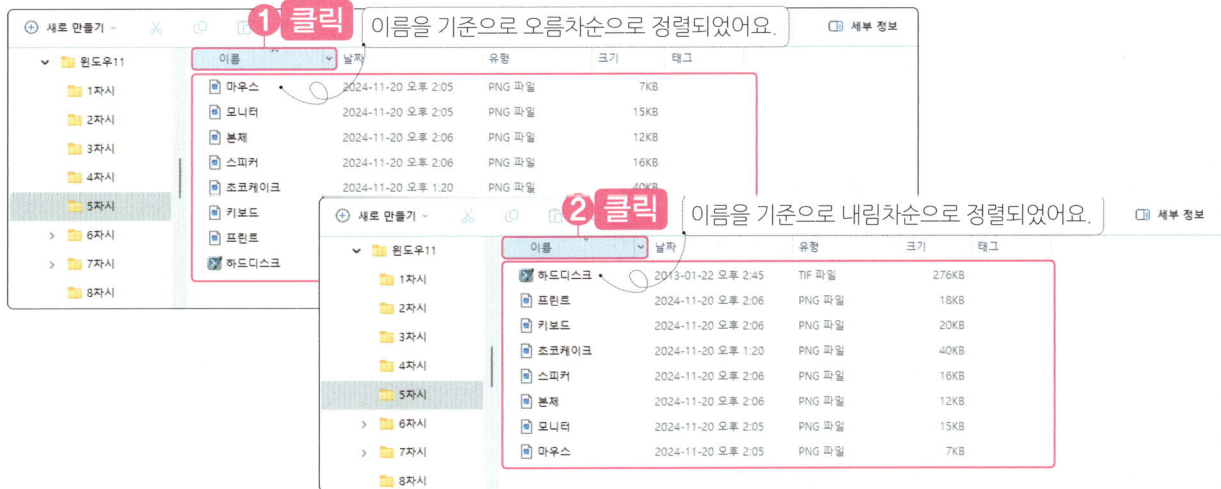

오름차순 정렬과 내림차순 정렬을 알아보자!

- 오름차순 정렬 : 크기가 작은 것부터 큰 순서로 나열해요.
- 내림차순 정렬 : 크기가 큰 것부터 작은 것 순서로 나열해요.

4 파일의 미리 보기를 확인해요.

01 [보기]-[미리 보기 창]을 클릭해요.

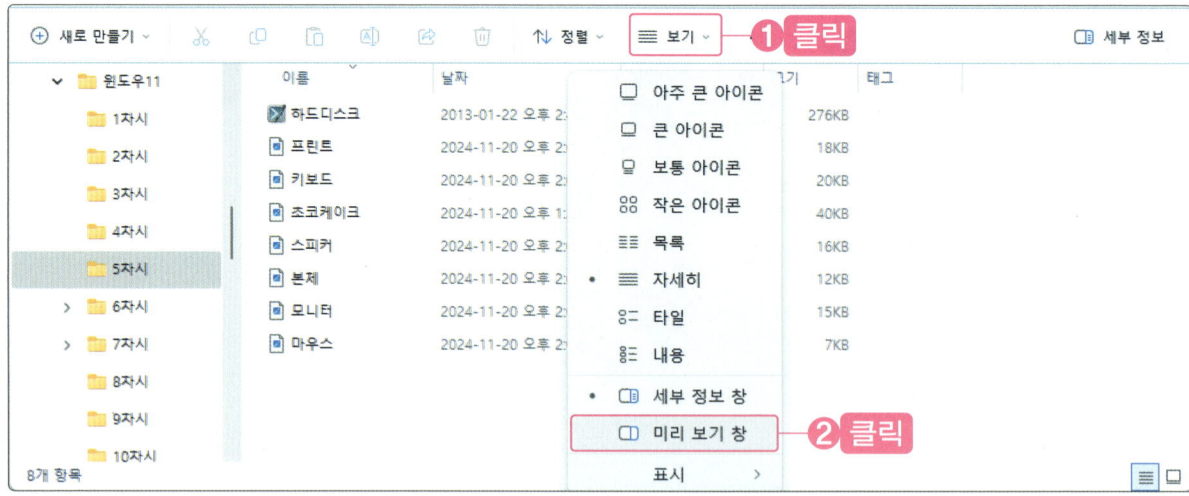

02 파일 목록에서 그림 파일을 선택하면 오른쪽 미리 보기 창에서 그림을 미리 볼 수 있어요.

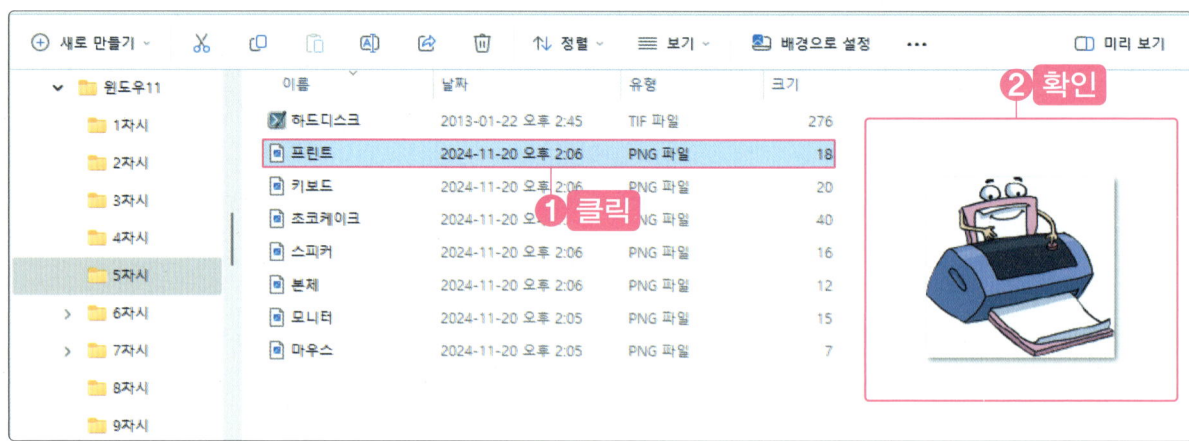

파일 탐색기의 검색 창을 이용하여 파일을 찾아볼까요?
- 파일 탐색기에서 돋보기 모양의 검색창은 파일을 찾을 때 사용하는 마법상자와 같아요.
- 검색 창에서 찾고자 하는 파일의 이름을 입력하면 파일 탐색기가 알아서 척척 찾아줘요.

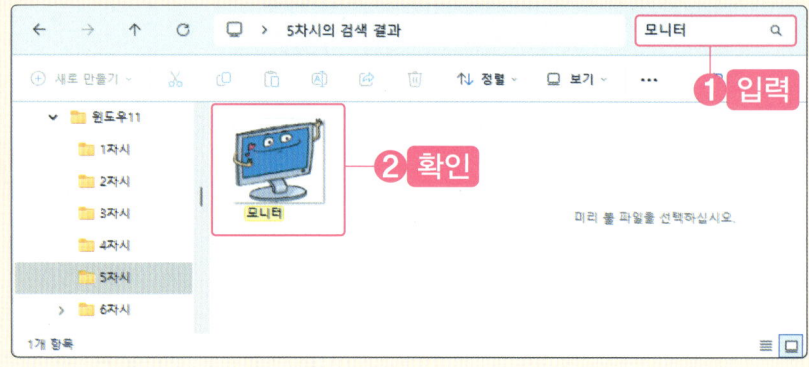

Copilot 인공지능(AI)으로 배우는 학습 업그레이드

🔷 코파일럿 AI를 활용하여 아래의 내용을 알아보아요.

AI 검색 윈도우 11에서 떨어져 있는 파일 선택과 연속된 파일의 선택 방법을 초등학생이 이해할 수 있도록 쉽게 설명해 주세요.

❶ [5차시] 폴더의 내용을 큰 아이콘 보기 형식으로 지정하고 이름 기준의 오름차순으로 정렬해 보세요.

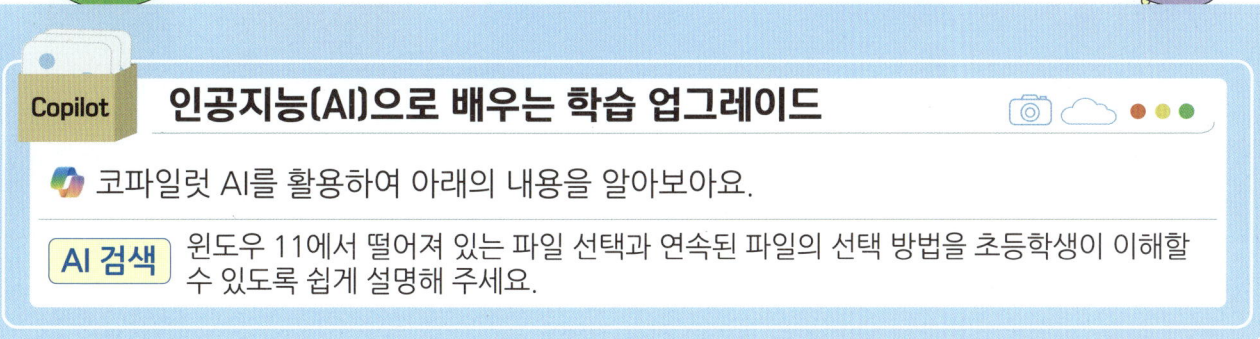

❷ '마우스', '모니터', '본체', '스피커', '초코케이크', '키보드' 파일을 선택해 보세요.

🔖 '마우스' 파일을 선택한 후 키보드의 Shift 를 누른 상태에서 '키보드' 파일을 클릭

❸ '마우스' 파일과 '키보드' 파일을 선택해 보세요.

🔖 '마우스' 파일을 선택한 후 키보드의 Ctrl 을 누른 상태에서 '키보드' 파일을 클릭

Lesson 06 파일과 폴더 알아보기

배울 수 있어요!
- 파일과 폴더에 대해 알 수 있어요.
- 새 폴더를 만들 수 있어요.

파일과 폴더

파일이란 컴퓨터 안에 있는 종이와 같은 거예요.
이 종이에는 그림을 그릴 수도 있고, 글이 있을 수도 있고 음악이 있을 수도 있어요.
예를 들어, 그림을 그리면 "그림 파일", 숙제를 쓰면 "글 파일"이 생겨요.

폴더란 여러 개의 파일을 정리해 두는 파일 상자예요.
여러 개의 파일을 한곳에 모아서 깔끔하게 보관할 수 있어요.
예를 들어, "학교 숙제 폴더" 안에 국어 파일, 수학 파일, 그림 파일을 넣어둘 수 있어요.

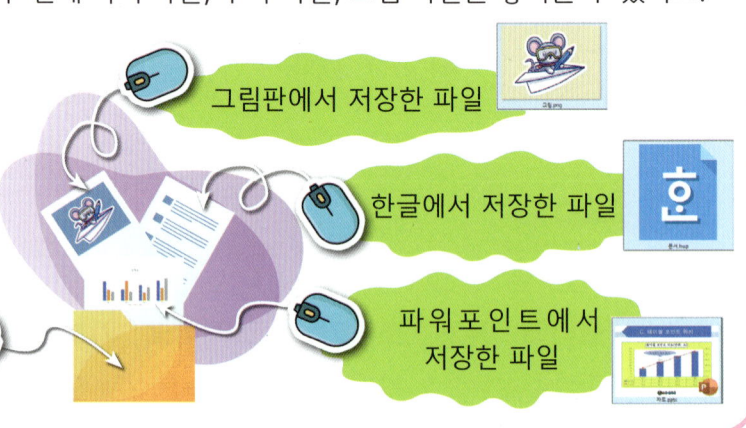

- 그림판에서 저장한 파일
- 한글에서 저장한 파일
- 파워포인트에서 저장한 파일
- 파일 또는 다른 폴더를 보관하는 공간인 폴더

문맥 속 단어 고르기

인공지능(AI)에게 잘 물어보기 위한 문해력 높이기

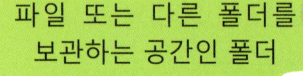

문제 친구를 도울 때 차갑게 할까요? 따뜻하게 할까요?

친구가 어려움에 처하자 나는 곧바로 _____ 손을 내밀었다.
이 때, 밑줄에 들어갈 단어로 옳은 것은 무엇일까요?

- 차갑게
- 따뜻하게
- 느릿하게
- 무심하게

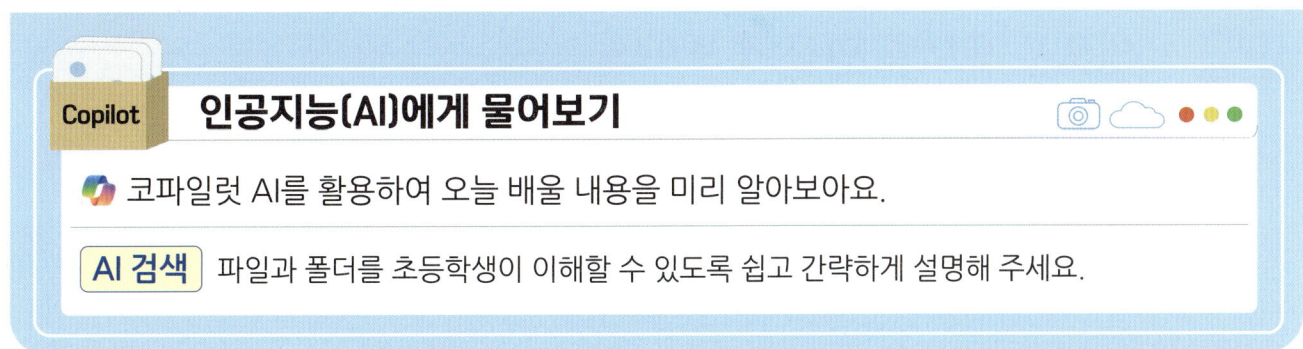

1 폴더를 열어보아요.

01 [6차시] 폴더를 열고 폴더 안에 있는 파일들을 확인해 보아요.

파일의 모양이 다르게 보여요!
파일의 모양은 보기 방식에 따라 다르게 보여요. 교재의 보기 방식과 같이 바꾸기 위해서는 [보기]-[큰 아이콘]을 클릭하면 그림 모양의 보기 방식으로 변경할 수 있어요.

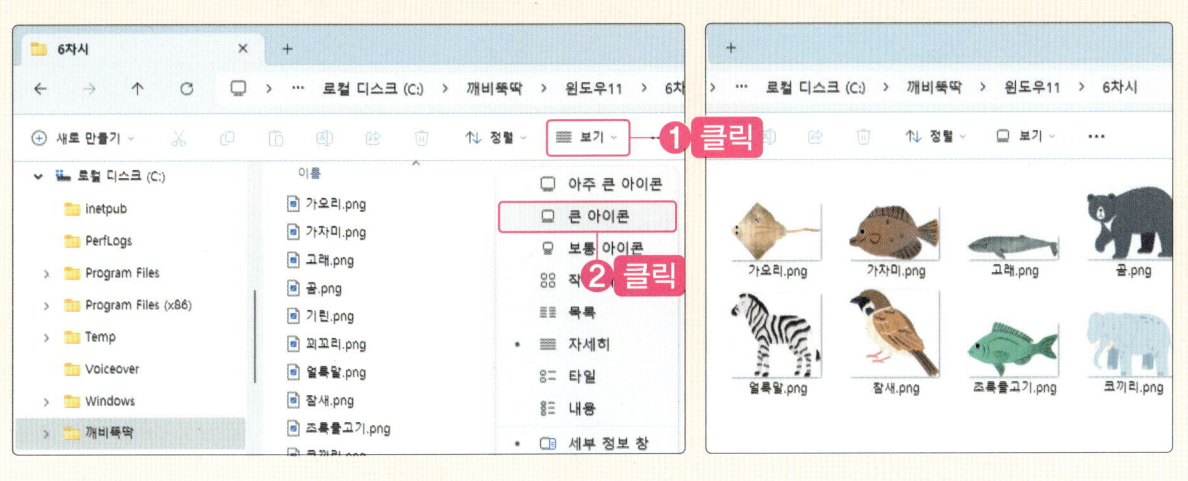

2 새로운 폴더를 만들어 보아요.

01 폴더의 빈 공간에서 마우스 오른쪽 단추를 클릭한 후 [새로 만들기]-[폴더]를 클릭해요.

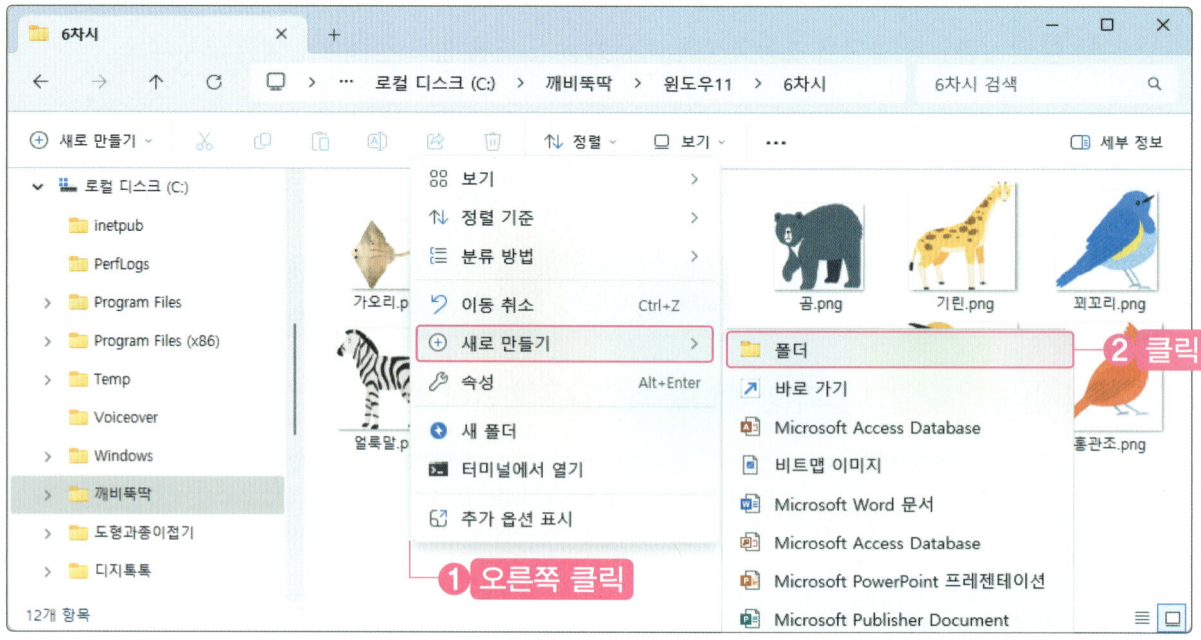

02 새 폴더가 만들어지면 폴더 이름이 블록 지정된 상태에서 '바다'를 입력하여 이름을 변경한 후 Enter 를 눌러요.

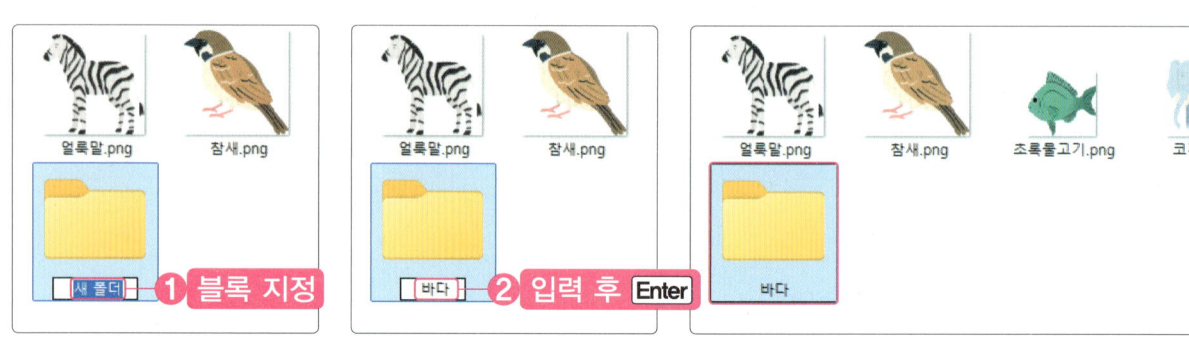

03 같은 방법으로 그림과 같이 [육지], [하늘] 이름으로 폴더를 만들어요.

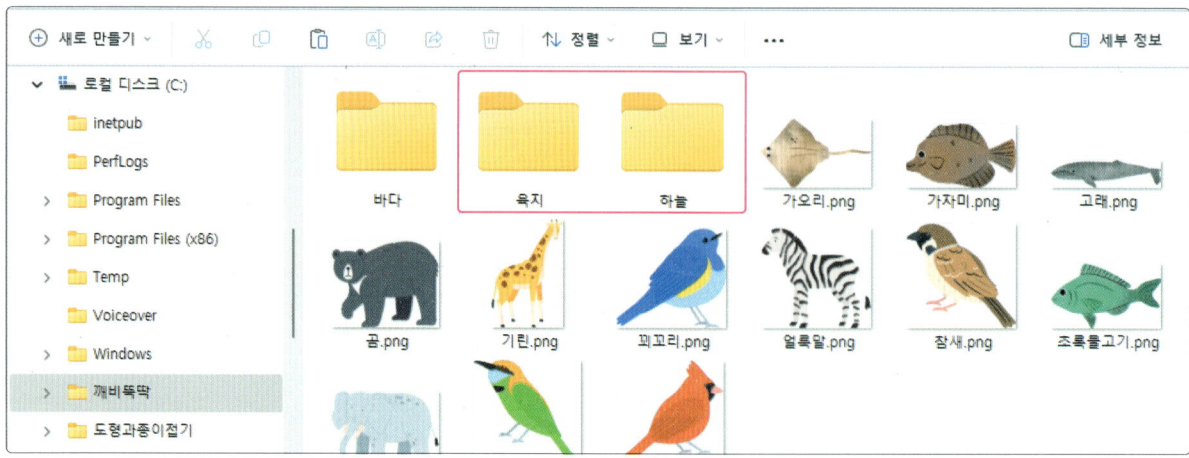

3 파일을 이동하여 폴더 안에 담아요.

01 꾀꼬리 그림 파일을 [하늘] 폴더로 드래그하여 이동해요.

02 하늘을 날아다니는 참새, 파랑턱멧새, 홍관조 그림 파일도 [하늘] 폴더로 이동해요.

 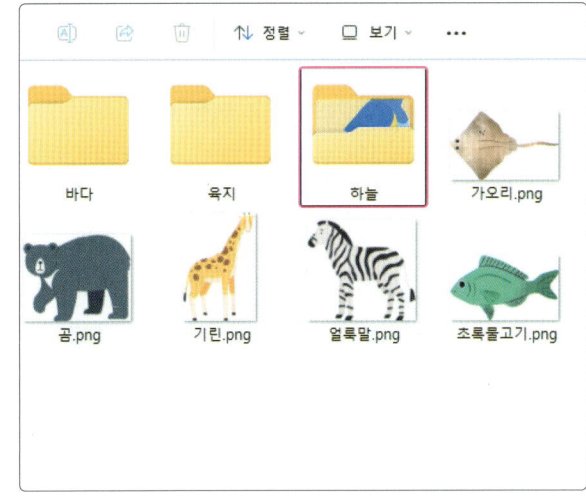

03 같은 방법으로 [육지]와 [바다] 폴더 이름에 알맞은 파일을 폴더 안으로 이동해요.

04 윈도우 탐색기의 왼쪽 폴더 창에서 [6차시] 폴더 안에 있는 [바다], [육지], [하늘] 폴더를 각각 클릭하여 잘 이동했는지 확인해 보아요.

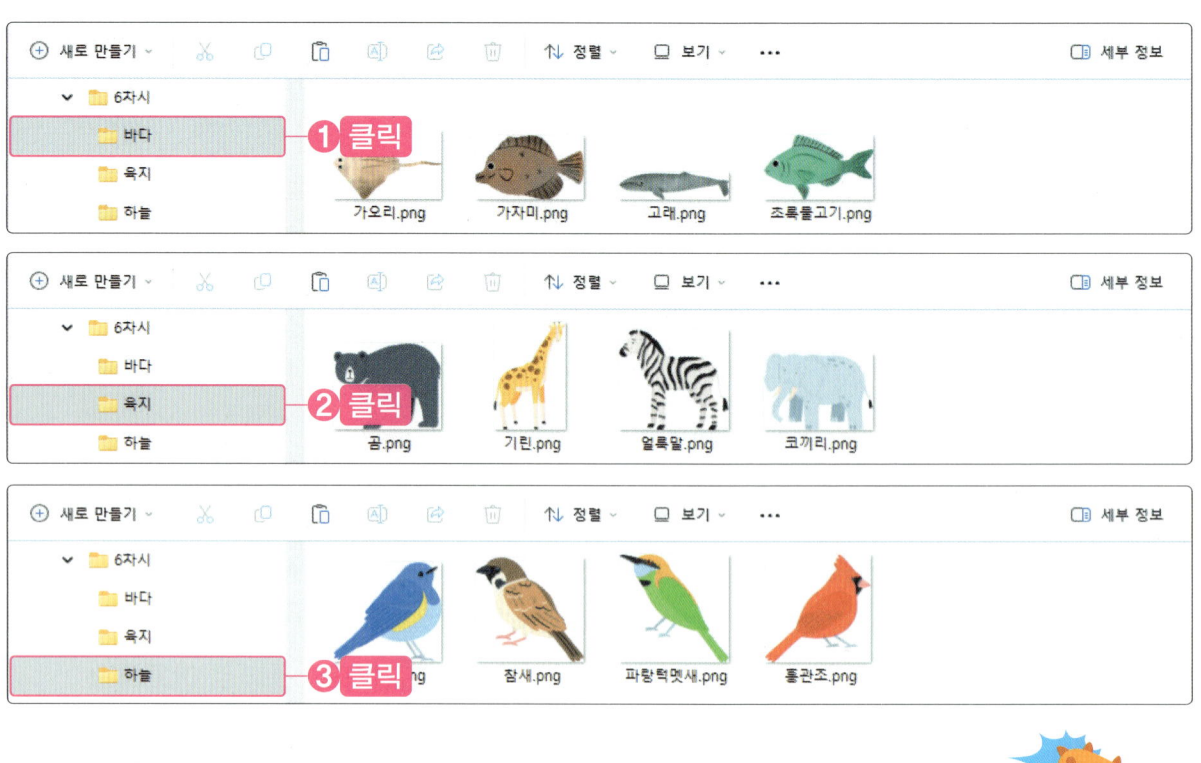

뒤로 이동하기와 위로 이동하기

- 뒤로(←) 이동하기 : 이동하기 이전의 위치로 돌아갈 수 있어요.

- 위로(↑) 이동하기 : 현재 폴더의 상위 폴더로 이동할 수 있어요.

Copilot 인공지능(AI)으로 배우는 학습 업그레이드

코파일럿 AI를 활용하여 아래의 내용을 알아보아요.

AI 검색 폴더를 삭제하는 방법을 초등학생이 이해할 수 있도록 쉽고 간략하게 설명해 주세요.

① [바다], [육지], [하늘] 폴더 안에 있는 파일들을 모두 [6차시] 폴더로 이동해 보세요.

② [바다], [육지], [하늘] 폴더를 삭제해 보세요.

Lesson 06 • 파일과 폴더 알아보기

Lesson 07 복사와 이동을 알아보기

배울 수 있어요!
- 파일의 복사 및 이동 방법을 알 수 있어요.
- 휴지통을 이용한 삭제 방법을 알 수 있어요.

복사 및 이동

복사란 파일이나 폴더를 똑같이 하나 더 만드는 것을 말해요.
복사한 파일을 원하는 위치에 똑같이 만들기 위해서는 꼭 붙여넣기를 해야해요.
컴퓨터에서는 '복사하기'와 '붙여넣기'라는 용어를 사용해요.

이동이란 원래 있던 곳에서 사라지고 새로운 곳으로 옮겨져요.
이동한 파일을 원하는 위치로 옮기기 위해서는 꼭 붙여넣기를 해야해요.
컴퓨터에서는 '잘라내기'와 '붙여넣기'라는 용어를 사용해요.

복사

 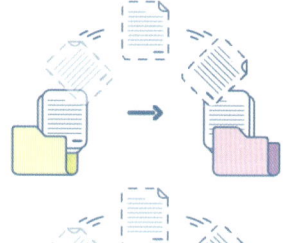 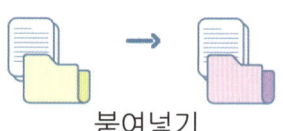

복사하기 　　　　　　　　　　　　　　　　　　　 붙여넣기

이동

 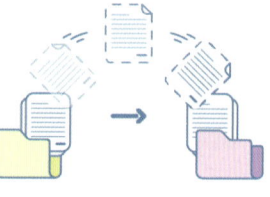 

잘라내기 　　　　　　　　　　　　　　　　　　　 붙여넣기

유사어 반대어 찾기 — 인공지능(AI)에게 잘 물어보기 위한 문해력 높이기

문제 용감하다와 반대되는 마음은 어떤 걸까요?

'용감하다'의 반대말은 무엇일까요?

- 두렵다
- 씩씩하다
- 강하다
- 괴롭다

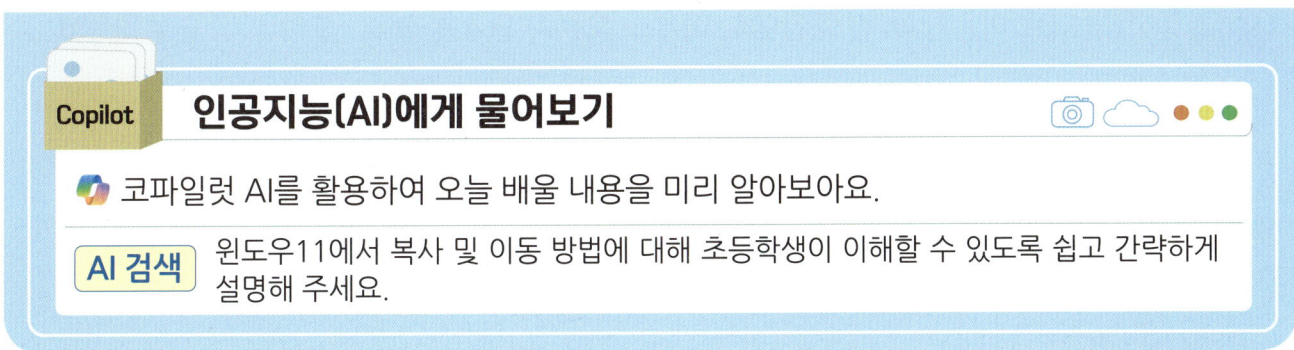

1 파일의 복사 방법을 배워요.

01 [7차시] 폴더를 열고 폴더(컴퓨터)를 제외한 나머지 파일들을 빈 공간에서 드래그하여 선택해요.

02 폴더를 제외한 파일이 모두 선택된 상태에서 마우스 오른쪽 단추를 눌러 [복사]를 클릭해요.

복사하기와 붙여넣기의 단축키를 날아보자!
- 복사하기 : 키보드의 Ctrl + C 를 눌러요.
- 붙여넣기 : 원하는 위치에서 Ctrl + V 를 눌러요.

03 [컴퓨터] 폴더로 이동한 후 빈 공간에서 마우스 오른쪽 단추를 눌러 [붙여넣기]를 클릭해요.

04 [7차시] 폴더와 [컴퓨터] 폴더에 모두 같은 파일이 복사되어 있는 것을 알 수 있어요.

복사하기는 원본 파일이 남아 있어요.

키보드의 Ctrl 키를 누르고 드래그하면 어떻게 될까?

파일을 키보드의 Ctrl 키를 누르고 드래그하면 해당 파일이 드래그한 위치에 복사돼요.

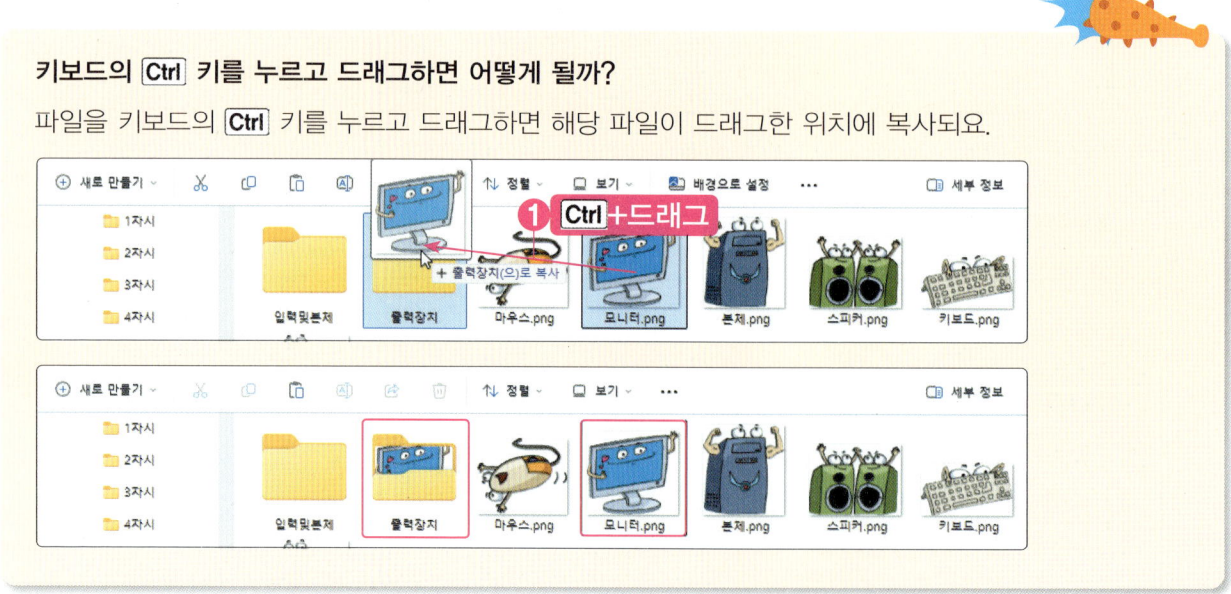

2 파일의 이동 방법을 배워요.

01 [컴퓨터] 폴더의 '프린트', '모니터', '스피커' 파일을 선택한 후 선택한 파일에서 마우스 오른쪽 단추를 눌러 [잘라내기]로 클릭해요.

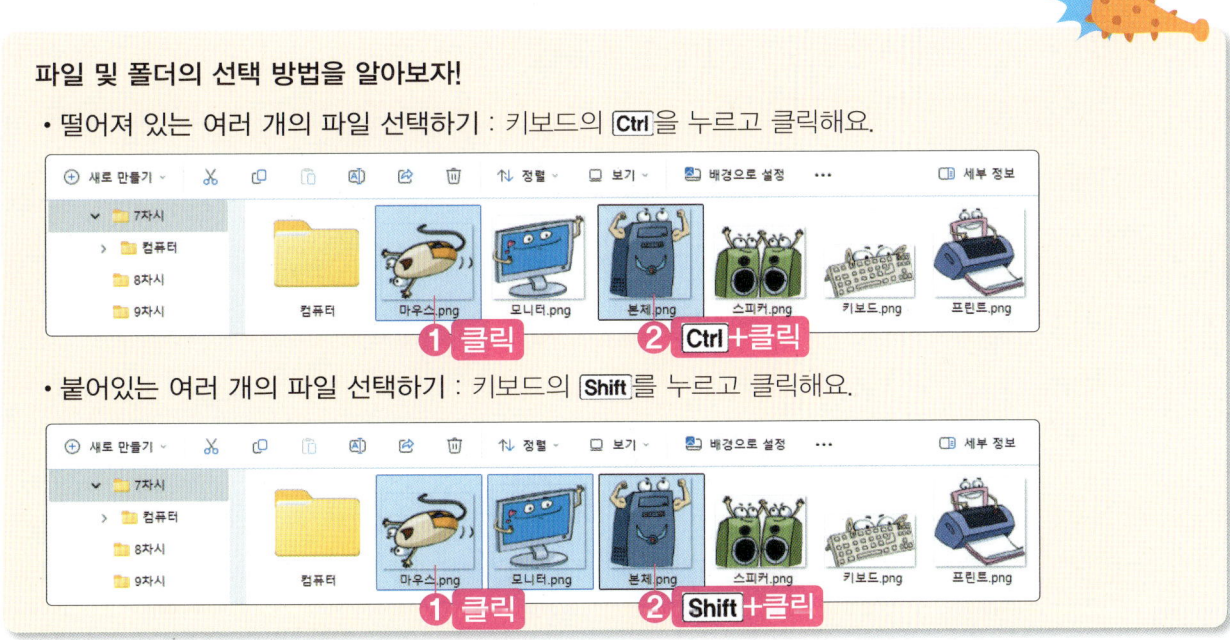

파일 및 폴더의 선택 방법을 알아보자!
- 떨어져 있는 여러 개의 파일 선택하기 : 키보드의 **Ctrl**을 누르고 클릭해요.
- 붙어있는 여러 개의 파일 선택하기 : 키보드의 **Shift**를 누르고 클릭해요.

02 [출력장치] 폴더를 클릭하여 이동한 후 빈 공간에서 마우스 오른쪽 단추를 눌러 [붙여넣기]를 클릭하면 잘라낸 파일이 옮겨져요.

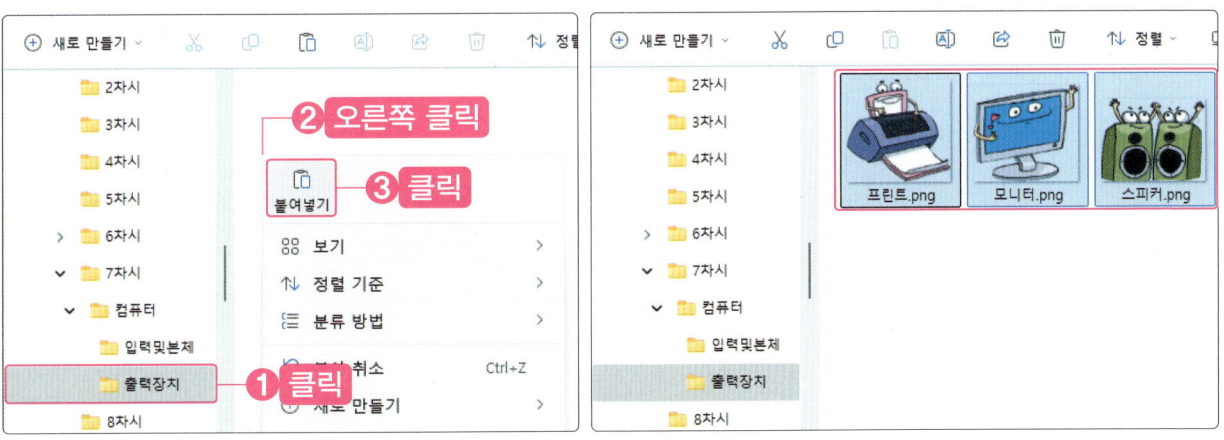

3 파일을 삭제하고 휴지통을 비워요.

01 [출력장치] 폴더에서 삭제할 파일(모니터, 스피커, 프린트)를 선택한 후 마우스 오른쪽 단추를 눌러 [삭제]를 클릭해요.

02 [파일 탐색기] 창의 최소화(-)를 클릭한 후 바탕화면의 [휴지통(🗑)] 아이콘을 더블클릭해요.

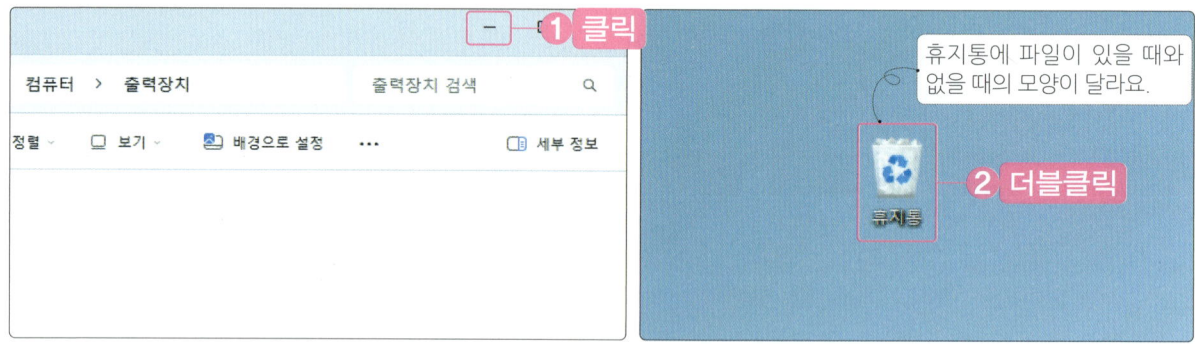

03 [휴지통] 창이 나타나면 휴지통을 비우기 위해 [휴지통 비우기]를 클릭해요.

삭제를 잘못해서 필요한 파일이 휴지통에 들어갔어요. 어떻게 하죠?

휴지통에 들어간 파일 중에서 필요한 파일은 선택한 후 [선택한 항목 복원]을 클릭하거나 마우스 오른쪽 단추를 눌러 [복원]을 클릭하면 파일의 마지막 위치로 이동(복원)해요.

Copilot 인공지능(AI)으로 배우는 학습 업그레이드

코파일럿 AI를 활용하여 아래의 내용을 알아보아요.

AI 검색 윈도우11에서 휴지통에 삭제된 파일의 복구하는 방법을 초등학생이 이해할 수 있도록 간략하게 설명해 주세요.

❶ [7차시]-[컴퓨터] 폴더 안에 파일(마우스, 본체, 키보드)을 [입력및본체] 폴더로 이동해 보세요.

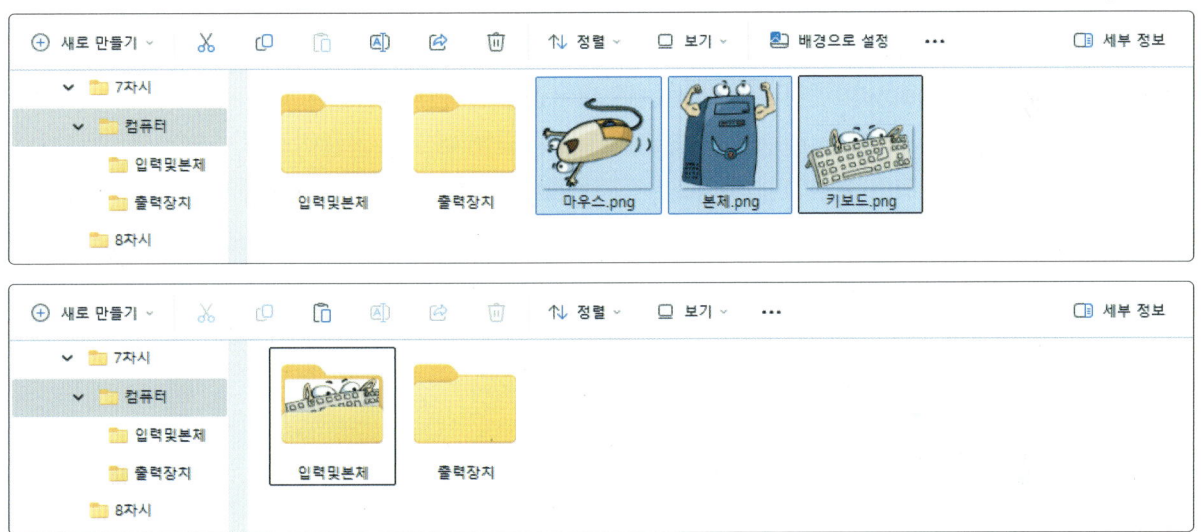

❷ [입력및본체] 폴더의 파일을 모두 삭제한 후 휴지통에서 [휴지통 비우기]를 실행해 보세요.

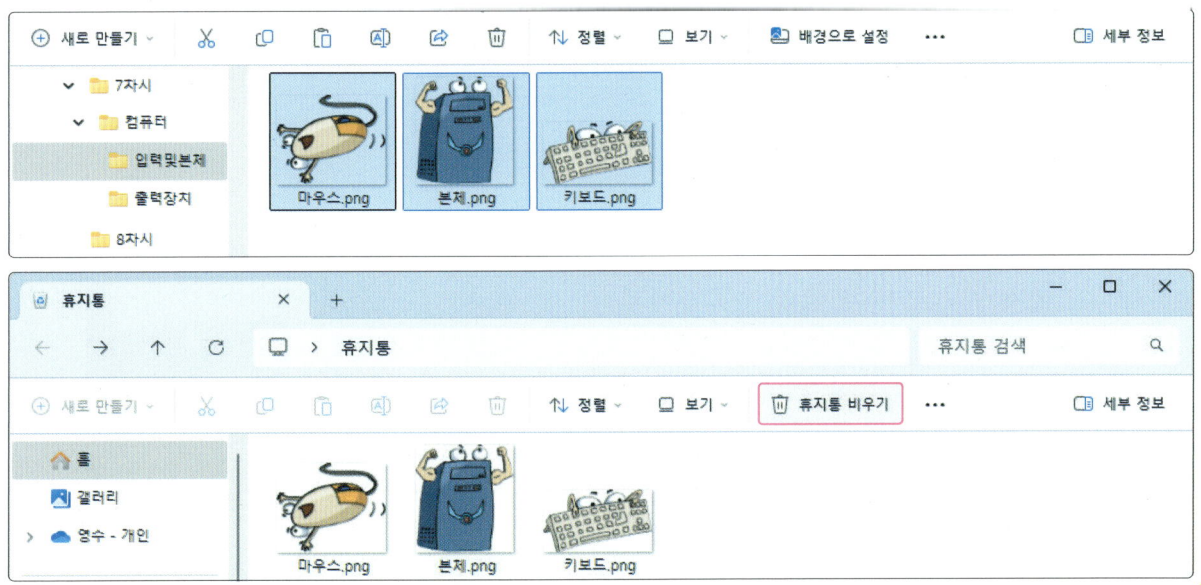

Lesson 07 • 복사와 이동을 알아보기 47

Lesson 08 앱의 실행 및 창 알아보기

배울 수 있어요!
- 앱(App)의 실행 방법을 알 수 있어요.
- 창의 크기 변경 방법을 알 수 있어요.

앱이란?
앱(App)이란 스마트폰 및 컴퓨터에서 실행되는 다양한 프로그램을 말해요.
카카오톡은 친구와 채팅을 할 수 있도록 도와주고 그림판은 그림을 그리거나 그려진 그림을 보여주기도 하죠.
한글이나 파워포인트, 인터넷 엣지, 유튜브 등도 모두 앱이라고 할수있어요.

창이란?
창(Window)이란 마치, 책상 위에 펼쳐진 종이 한 장과 같아요.
컴퓨터에서 앱을 실행했을 때 화면에 표시되는 네모난 공간이죠.
창은 각각의 프로그램이 일하는 공간으로 크기를 변경하거나 숨김 또는 닫을 수도 있죠.

속담·관용구 인공지능(AI)에게 잘 물어보기 위한 문해력 높이기

문제 힘든 일이 끝나면 어떤 기분이 올까요?

'고생 끝에 낙이 온다'의 뜻은 무엇일까요?

- 어려움이 있으면 항상 나쁘다
- 힘든일이 지나면 즐거움이 온다
- 고생은 즐거움보다 크다
- 낙은 항상 먼저 온다

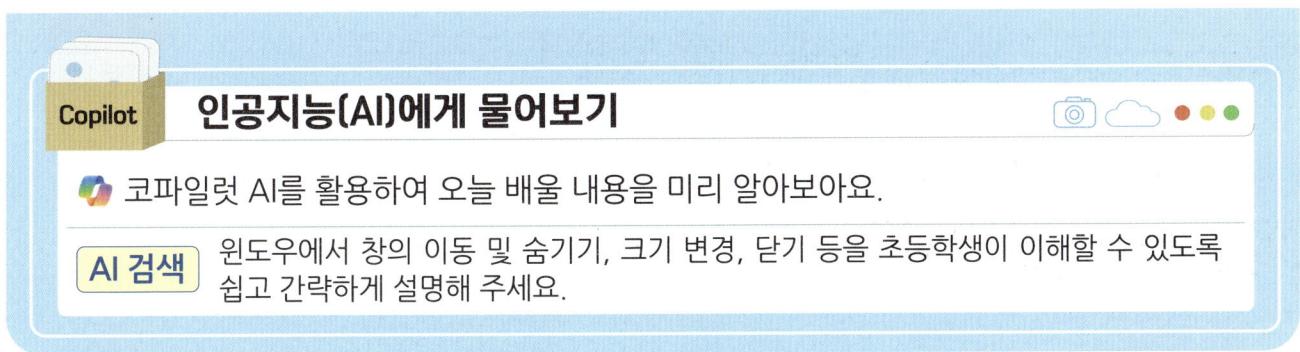

Copilot 인공지능(AI)에게 물어보기

코파일럿 AI를 활용하여 오늘 배울 내용을 미리 알아보아요.

AI 검색 윈도우에서 창의 이동 및 숨기기, 크기 변경, 닫기 등을 초등학생이 이해할 수 있도록 쉽고 간략하게 설명해 주세요.

1 앱(App)의 실행 방법을 배워요.

01 [시작()]-[모두]를 클릭한 후 스크롤 바를 아래쪽으로 드래그하여 [날씨] 앱을 선택해요.

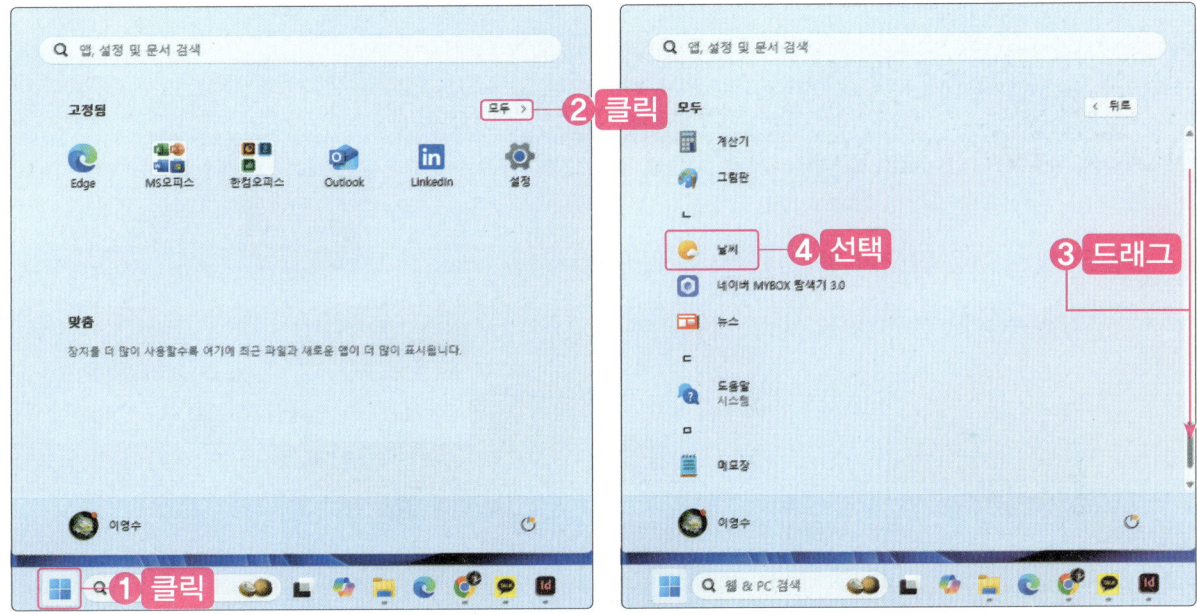

02 [날씨] 앱이 실행되면 검색란에 원하는 지역(일산)을 입력한 후 해당 지역의 날씨를 확인해요.
[날씨] 앱의 오른쪽 위에 있는 [닫기(×)]를 클릭하면 종료할 수 있어요.

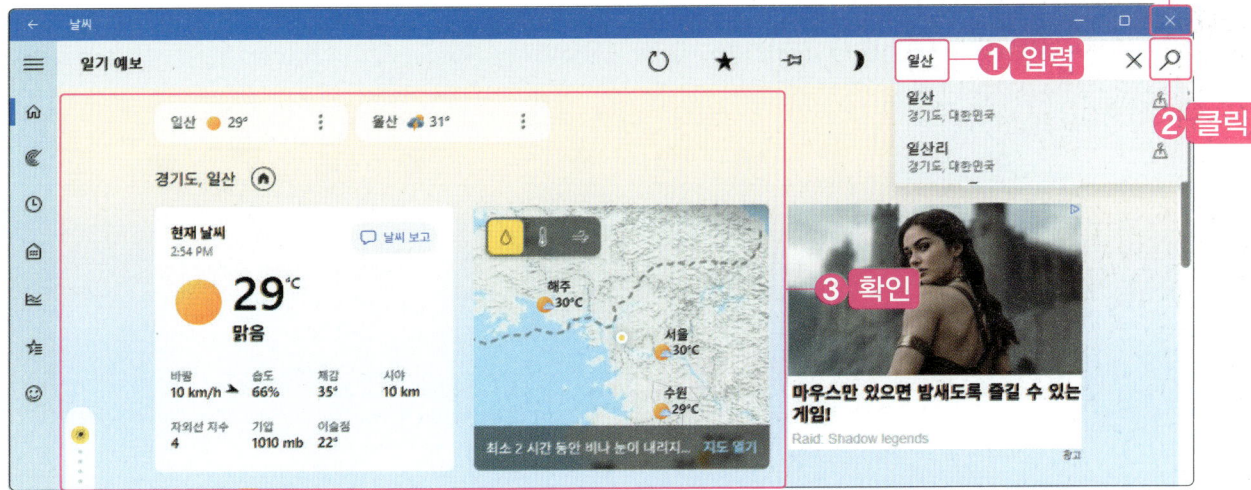

Lesson 08 · 앱의 실행 및 창 알아보기

2 자주 사용하는 앱을 시작 화면에 고정해요.

01 [날씨] 앱에서 바로가기 메뉴의 [시작 화면에 고정]을 클릭하면 시작 화면에 고정돼요.

↳ [시작(▦)]-[모두]-[날씨] 앱에서 마우스 오른쪽 단추를 눌러 [시작 화면에 고정]을 클릭

02 같은 방법으로 필요한 앱(그림판)을 시작 화면에 고정시켜 보아요.

시작 화면에 고정된 앱은 어떻게 제거할까?

- 시작 화면에 고정된 앱은 마우스 오른쪽 단추를 눌러 [시작 화면에서 제거]를 클릭해서 제거해요.
- 시작 화면에 고정된 앱을 제거해도 앱을 컴퓨터에서 삭제하는 것이 아니어서 언제든지 실행할 수 있어요.

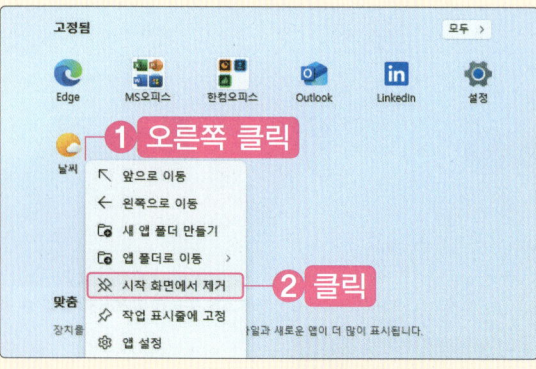 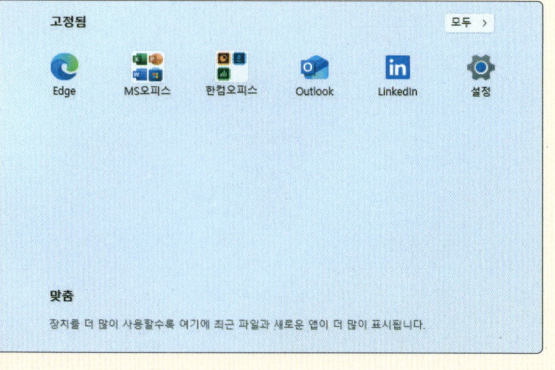

3 검색을 이용한 앱 실행과 창의 크기를 변경해요.

01 [검색()]을 클릭 후 "메모장"을 입력한 다음 검색 목록에서 [메모장]을 클릭해요.

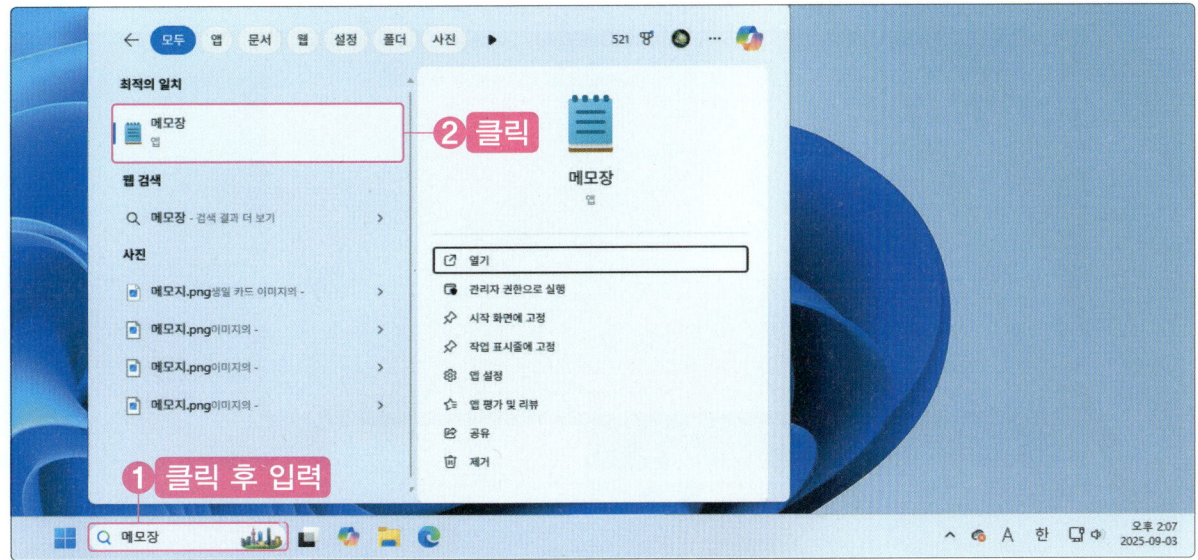

02 [메모장] 앱이 실행되면 창의 테두리에 마우스 포인터를 위치하여 ↔ 모양일 때 드래그해요.

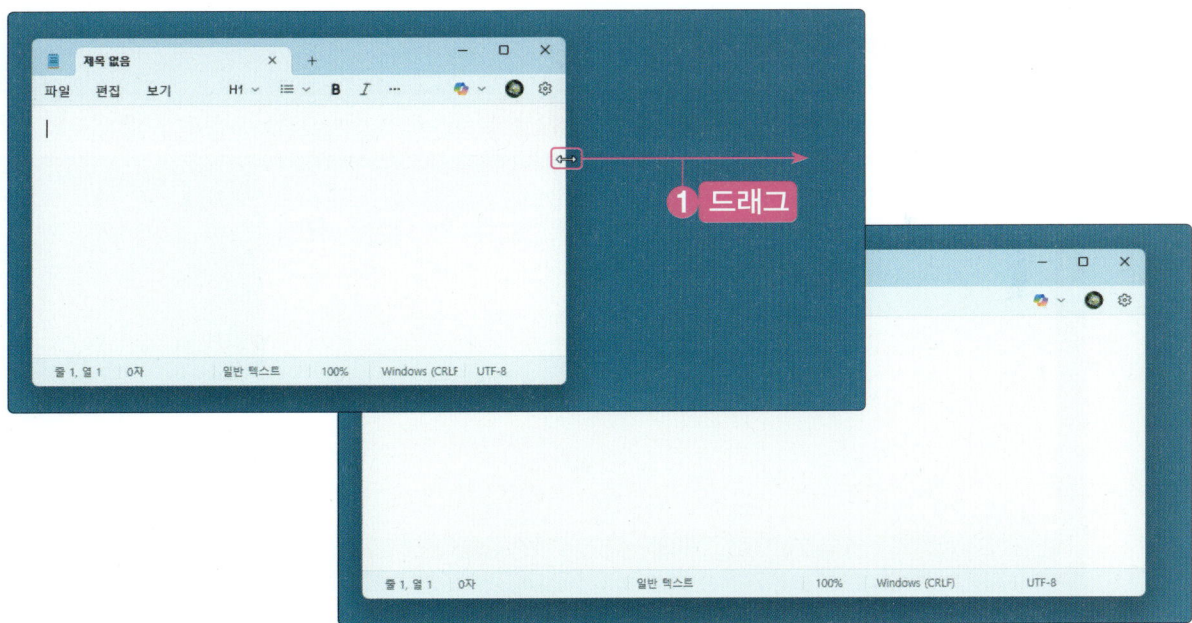

창의 크기 조절을 알아보자!
- 마우스 포인터를 창의 테두리에 위치하면 크기 변경 모양으로 바뀌고 드래그하면 해당 방향으로 크기를 변경할 수 있어요.
- ↔ 모양 : 수평(왼쪽-오른쪽) 크기를 조절해요.
- ↕ 모양 : 수직(위쪽-아래쪽) 크기를 조절해요.
- ↖/↘ 모양 : 수직과 수평 크기를 함께 조절해요.

4 창 조절 단추로 크기를 변경해요.

01 [메모장] 앱의 창 크기 조절 단추에서 [최소화(−)]를 클릭해요.

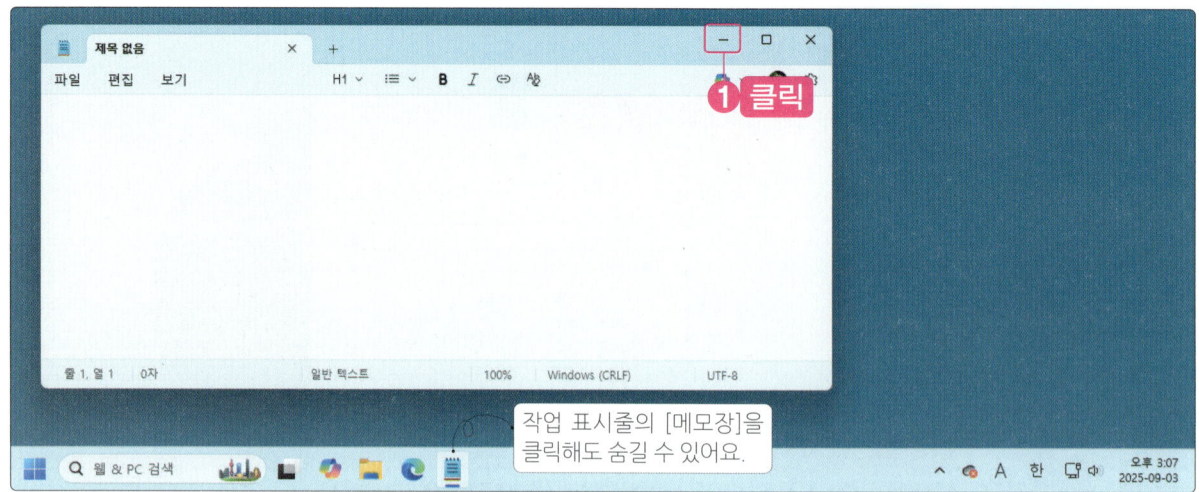

작업 표시줄의 [메모장]을 클릭해도 숨길 수 있어요.

02 창의 크기가 최소화되어 바탕화면에 보이지 않고 작업 표시줄에 단추 모양으로만 표시돼요. 작업 표시줄의 [메모장(📓)]을 클릭하면 다시 바탕화면에 표시돼요.

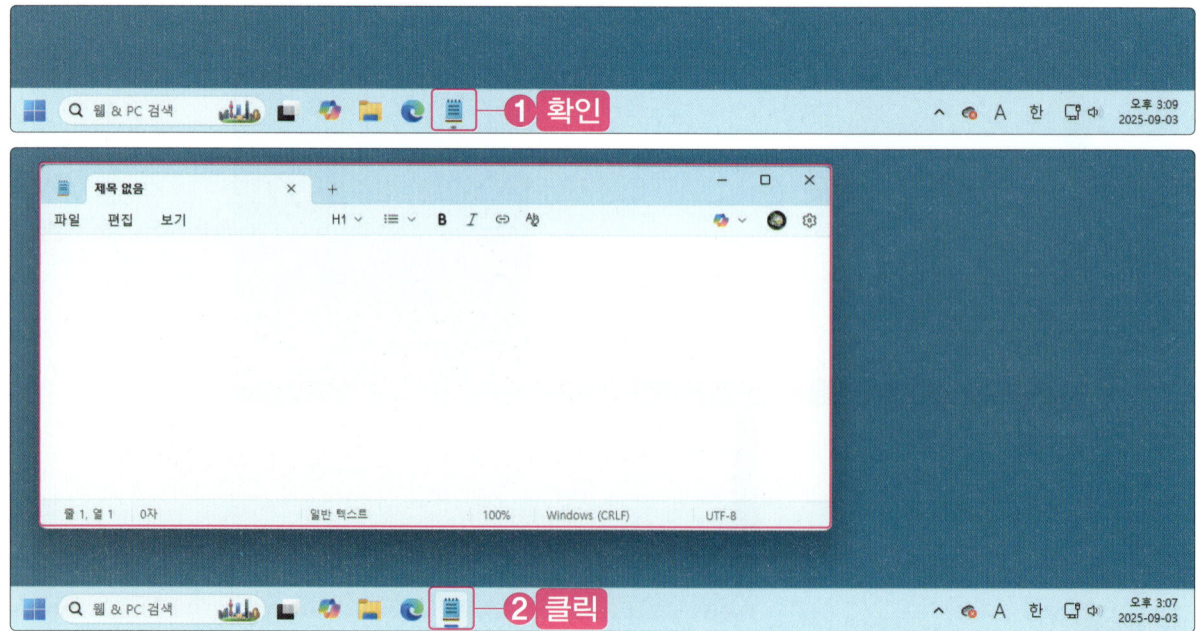

창 제어 단추를 이용한 크기 변경 방법을 알아볼까요?

- **최소화(−) 단추** : 창의 크기를 최소화하여 바탕화면에서 숨기고 작업 표시줄에 단추 모양으로만 표시해요.
- **최대화(□) 단추** : 창의 크기를 모니터 크기에 맞추어 확대해요.
- **이전 크기로 복원(🗗) 단추** : 모니터 크기에 맞추어 최대화 크기를 다시 이전 크기로 변경해요.
- **닫기(×) 단추** : 현재 열려 있는 창을 닫아요.

Copilot 인공지능(AI)으로 배우는 학습 업그레이드

코파일럿 AI를 활용하여 아래의 내용을 알아보아요.

AI 검색 시작 메뉴에 고정된 앱을 하나의 그룹으로 묶는 방법을 초등학생이 이해할 수 있도록 설명해 주세요.

1 자주 사용하는 앱(그림판, 메모장, 계산기)을 시작 메뉴에 고정해 보세요.

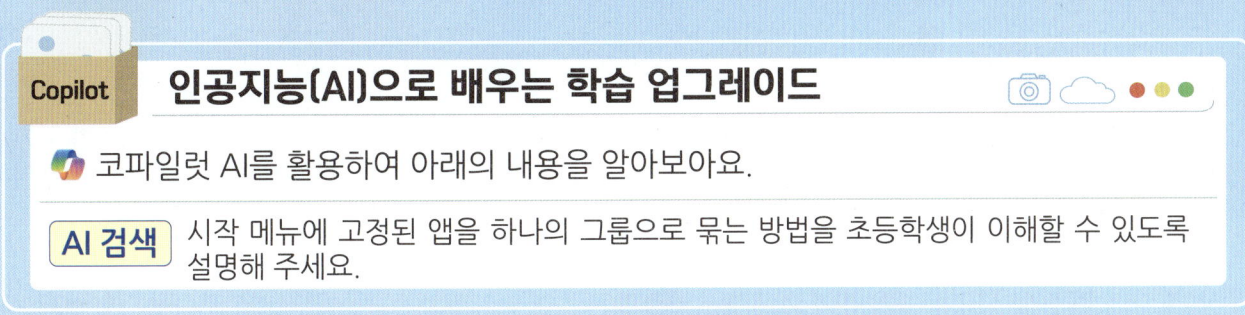

2 자주 사용하는 앱을 하나의 그룹으로 만들고 그룹 이름(보조프로그램)을 지정해 보세요.

↳ 마우스로 앱 아이콘을 다른 묶을 앱까지 드래그하면 하나의 그룹이 만들어지며 이름을 수정해요.

 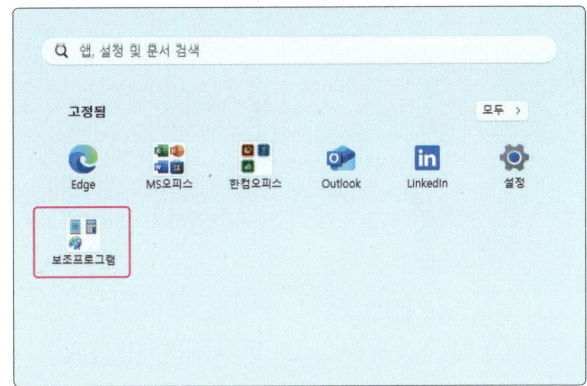

Lesson 08 · 앱의 실행 및 창 알아보기

Lesson 09 그림판 활용하기

배울 수 있어요!
- 그림판의 사용 방법을 알 수 있어요.
- 그림에 색칠 방법을 알 수 있어요.

그림판이란 무엇인가요?

그림판이란 컴퓨터에서 그림을 그릴 수 있는 디지털 색칠공부장 같은 프로그램이에요. 마우스로 선을 그리고, 색을 칠하고, 글씨도 넣을 수 있어요.

그림판은 어떻게 사용하나요?

그림판은 윈도우11에서 기본으로 제공하는 프로그램으로 별도로 설치하지 않아도 사용할 수 있어요.
[시작] 단추를 클릭한 후 [그림판]을 클릭하거나 검색을 이용하여 그림판을 검색하면 실행할 수 있어요.

어제 잠을 못잤대요~^^

그 림 판 색 칠 _공운 부 시 작!

뜻 맞히기 — 인공지능(AI)에게 잘 물어보기 위한 문해력 높이기

문제 운동을 많이 해서 건강해진 사람을 떠올려 보세요.

그는 운동을 해서 몸이 건장하다.
이 때, '건장하다'의 뜻은 무엇일까요?

- 약하다
- 힘이 세고 건강하다
- 키가 작다
- 말랐다

54

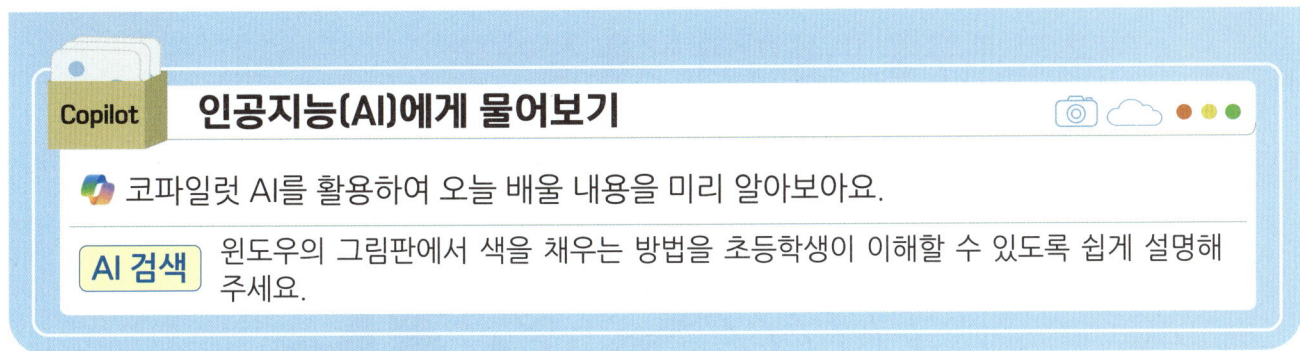

Copilot 인공지능(AI)에게 물어보기

🔷 코파일럿 AI를 활용하여 오늘 배울 내용을 미리 알아보아요.

> **AI 검색** 윈도우의 그림판에서 색을 채우는 방법을 초등학생이 이해할 수 있도록 쉽게 설명해 주세요.

 그림판을 실행해요.

01 [검색(🔍 웹 & PC 검색)]을 클릭 후 "그림판"을 입력한 다음 검색 목록에서 [그림판]을 클릭해요.

02 [그림판] 창이 열리면 [파일]-[열기]를 클릭한 후 그림 파일을 불러와요.

🔖 [열기] 대화상자에서 [9차시]-[불러올 파일] 폴더의 [색칠하기1] 파일을 선택한 후 [열기]를 클릭해요.

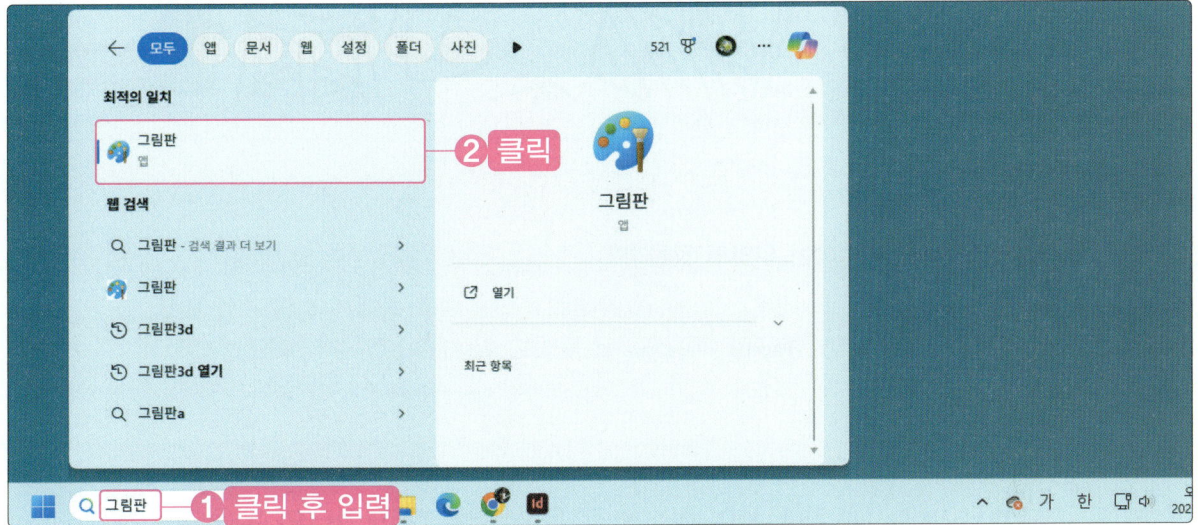

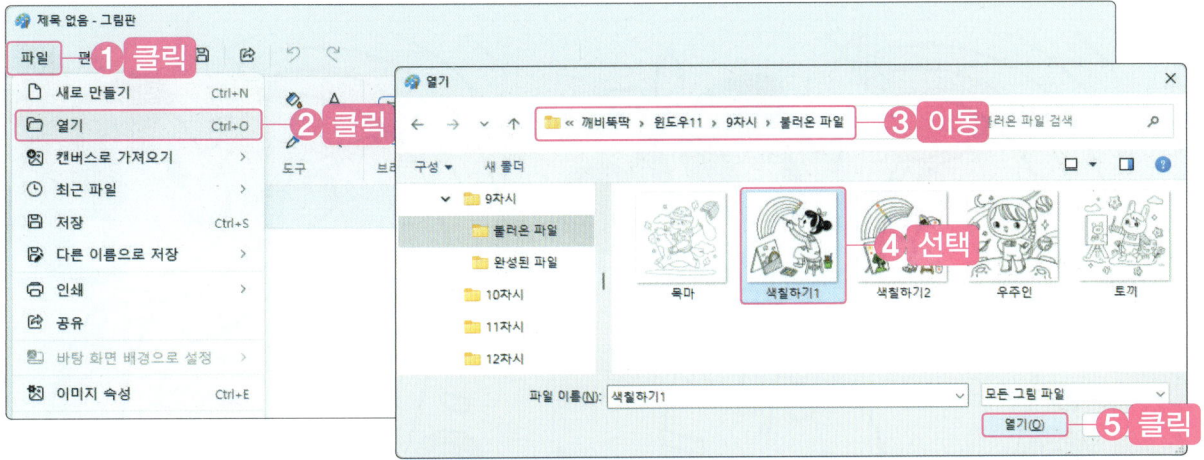

Lesson 09 • 그림판 활용하기

2 채우기 도구를 이용하여 색을 칠해요.

01 불러온 그림의 캐릭터 인물이 보이도록 그림 비율(20%)을 조정해요.

그림을 확대/축소 방법에는 무엇이 있을까?
- 키보드의 Ctrl을 누르고 마우스 휠을 위/아래로 스크롤해도 확대/축소할 수 있어요.
- 키보드의 Ctrl을 누르고 PageUp / PageDown을 눌러도 확대/축소할 수 있어요.
- 그림판 앱의 창 오른쪽 아래에 도구()를 이용해도 확대/축소할 수 있어요.

02 [도구]-[채우기(🪣)]를 이용하여 색1(빨강)을 선택한 후 캐릭터의 옷을 클릭해요. 같은 방법으로 신발과 머리띠도 칠해요.

3 색이 채워진 도형을 삽입해요.

01 빨강(●)에서 마우스 오른쪽 단추를 클릭하여 색2(빨강)을 지정하고 도형(○)을 클릭한 다음 [도형 채우기(🎨)]-[단색 채우기]를 선택해요.

02 마우스를 드래그하여 캐릭터 얼굴의 볼을 빨갛게 칠해요.

> 색1은 선 색, 색2는 배경색을 의미해요. 여기서는 색1과 색2가 모두 빨간색이라 볼이 빨갛게 칠해져요.

나만의 색을 추가하는 색 편집 방법을 알아볼까요?

- 색 도구의 색 편집(🎨)을 클릭한 후 원하는 색을 선택한 다음 [확인]을 클릭하면 색을 추가할 수 있어요.

4 그림에서 색을 선택해서 칠해요.

01 [색 선택(🖊)] 도구를 클릭한 후 무지개 아래쪽 색을 클릭하여 색1(●)을 수정해요.

02 [채우기(🪣)] 도구를 클릭한 후 무지개 아래쪽 색을 클릭하여 색을 칠해요.
같은 방법으로 색 선택(🖊) 및 채우기(🪣) 도구를 이용하여 다음과 같이 그림을 완성해요.

학습 업그레이드!

Copilot 인공지능(AI)으로 배우는 학습 업그레이드

코파일럿 AI를 활용하여 아래의 내용을 알아보아요.

AI 검색 그림판에서 스포이드 색 선택의 사용 방법을 초등학생이 이해하기 쉽게 설명해 주세요.

1 [09차시]-[불러올 파일]-[색칠하기2] 파일을 이용하여 그림판에서 예쁘게 색칠해 보아요.

Lesson 09 • 그림판 활용하기 59

Lesson 10 그림판 3D 활용하기

배울 수 있어요!

- 그림판 3D의 사용 방법을 알 수 있어요.
- 스티커및 브러시의 사용법을 알 수 있어요.

그림판 3D란 무엇인가요?

그림판3D는 평평한 그림만 그리는게 아니라 입체적인 그림도 만들수 있어요.
마치 종이에 그리는 게 아니라 장난감 처럼 튀어나온 그림을 만들 수 있죠.
3D는 세 가지 방향을 가진다는 뜻으로 가로(좌/우), 세로(위/아래), 깊이(앞/뒤) 등으로 구분되어 원하는 방향을 움직여 입체 모양을 확인하고 수정할 수 있도록 도와줘요.

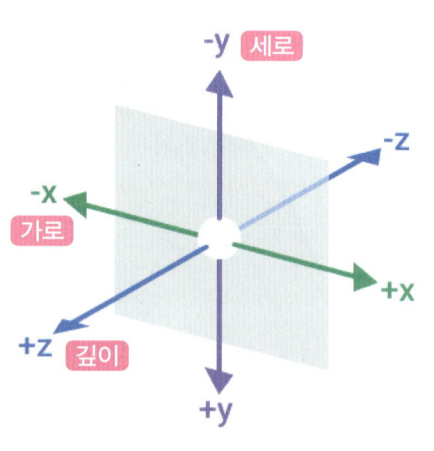

문맥 속 단어고르기 — 인공지능(AI)에게 잘 물어보기 위한 문해력 높이기

문제 책을 읽을 때는 어떻게 읽어야 잘 이해할 수 있을까요?

책을 읽을 때는 내용을 _____ 이해해야 한다.
밑줄에 들어갈 단어로 옳은 것은 무엇일까요?

- 대충
- 자세히
- 건성으로
- 무심히

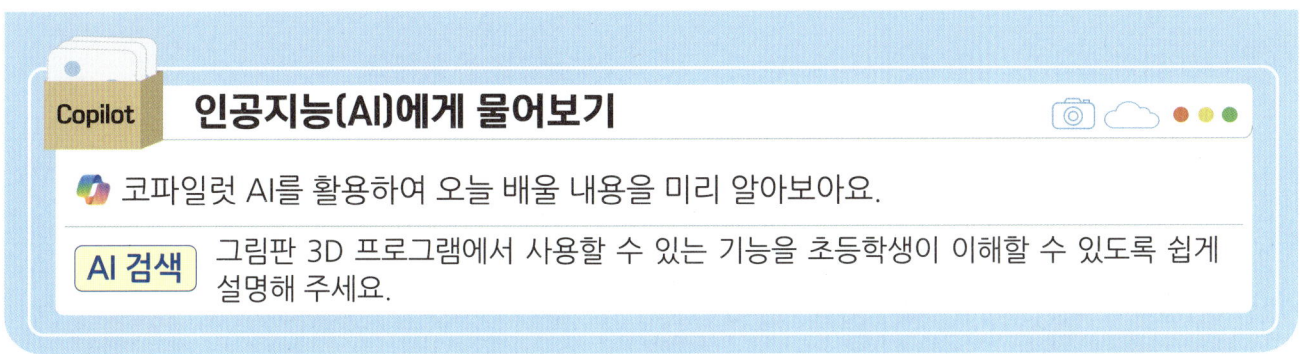

1 그림판 3D를 설치하고 실행해요.

01 [10차시] 폴더의 [그림판 3D] 파일을 더블클릭하여 그림판 3D 프로그램을 설치해요.

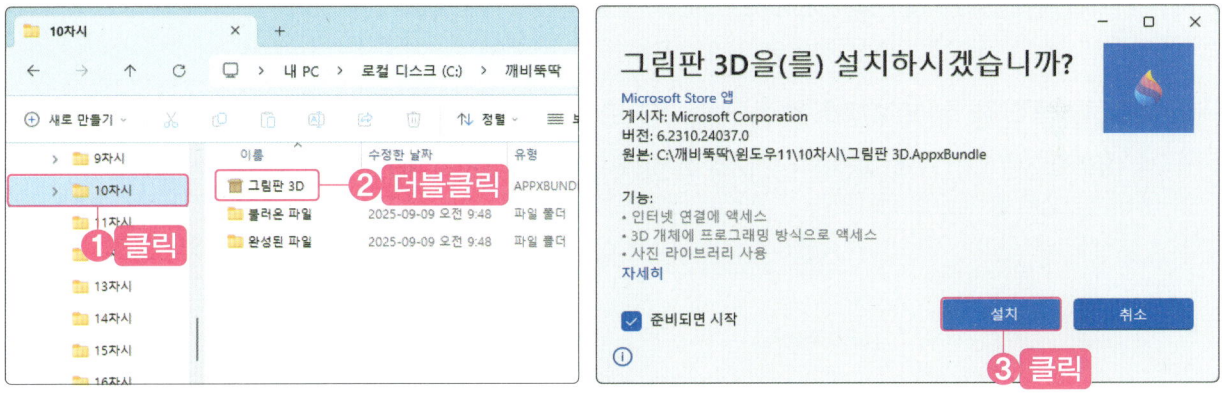

02 [시작(■)]-[그림판 3D]를 클릭하여 설치한 프로그램을 실행해요.

[그림판] 앱이 실행되면 [새로 만들기]를 클릭한 후 [3D 세이프]의 [3D 라이브러리 열기]를 클릭해요.

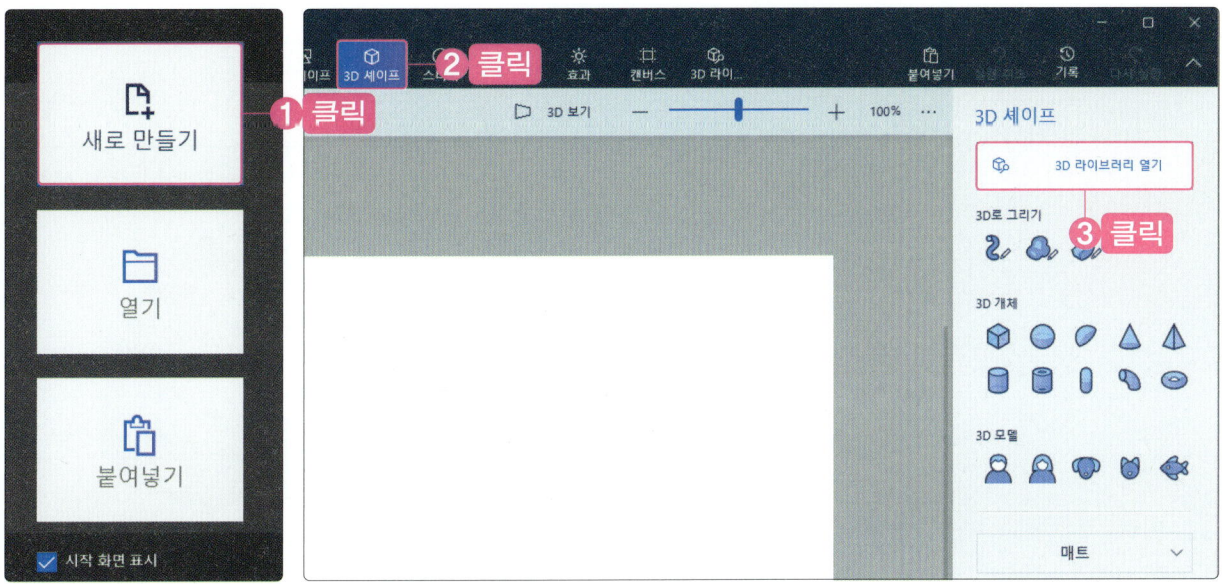

03 [3D 라이브러리] 작업 창에서 [Animals]-[Oyster(굴)]를 클릭해요.

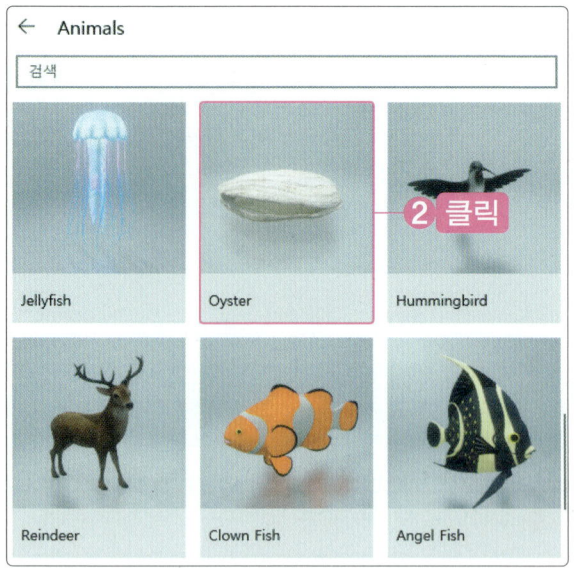

04 개체를 클릭한 후 X/Y/Z축을 움직여 3D 모양을 확인해요.

↳ [X축 회전(⟳)], [Y축 회전(⟳)], [Z축 회전(⟳)]을 드래그하여 3D 모양을 확인할 수 있어요.

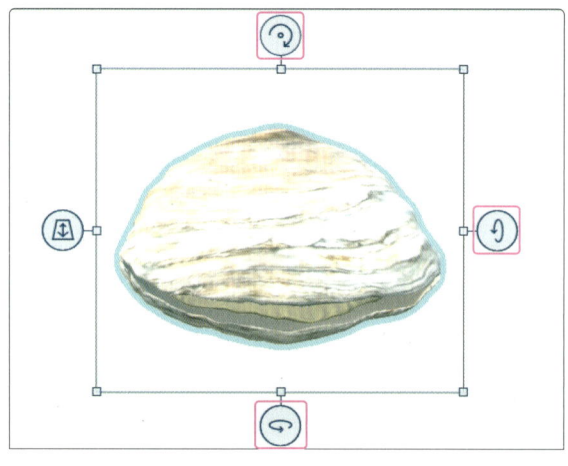

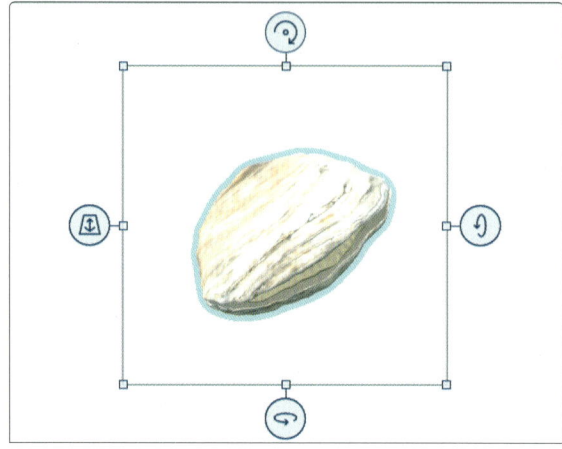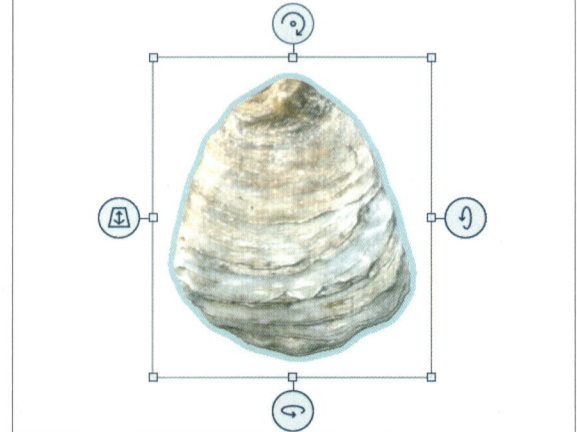

 ## 굴껍질에 눈과 코 스티커를 붙여요.

01 [스티커] 도구를 클릭한 후 [속 눈썹(👁)]을 선택한 다음 굴 껍질에 드래그하여 눈을 붙여요.

02 [속 눈썹(👁)]을 드래그하여 굴 껍질에 붙인 후 [좌우 대칭(◩)]을 클릭해요.
같은 방법으로 [코(👃)]를 드래그하여 굴 껍질에 붙여요.

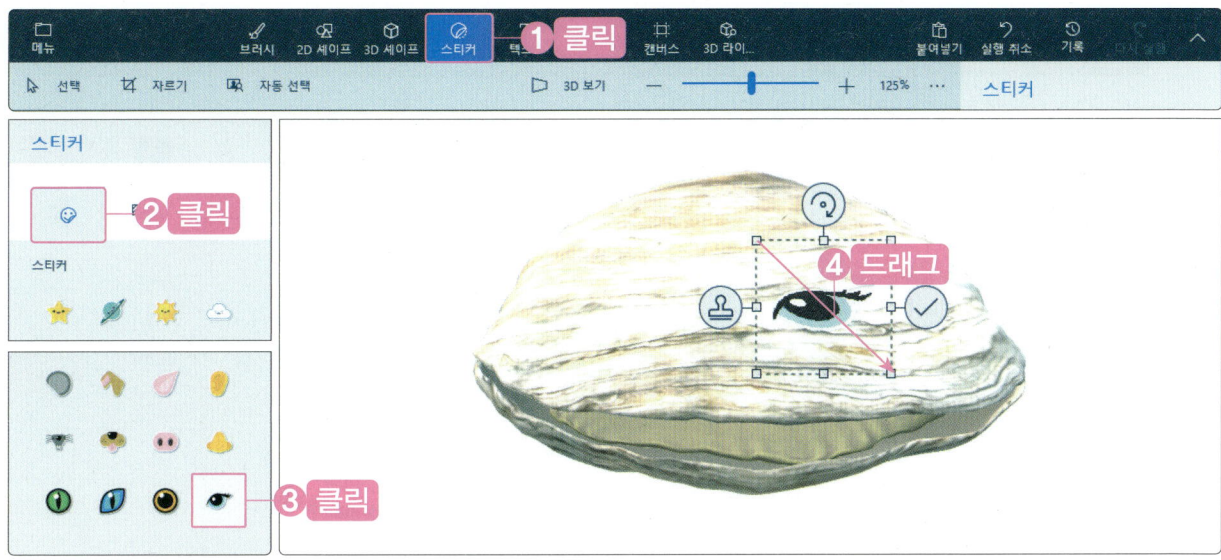

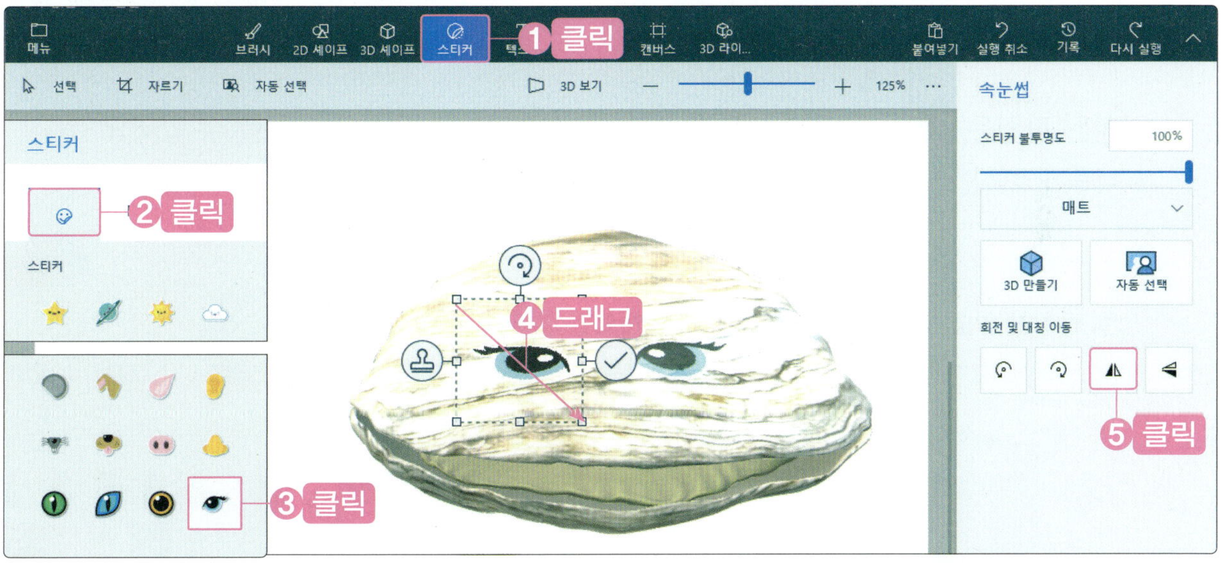

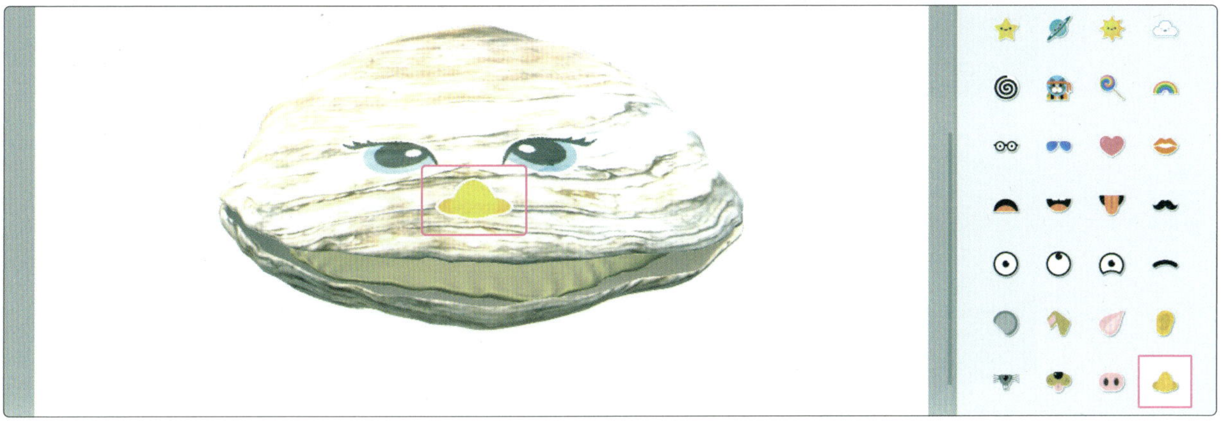

Lesson 10 • 그림판 3D 활용하기 63

3 굴 껍질에 브러시를 사용하여 입술을 칠해요.

01 [브러시] 도구의 마커( )를 선택한 후 두께(10px)를 지정하고 굴껍질에 드래그하여 입술을 그려요.

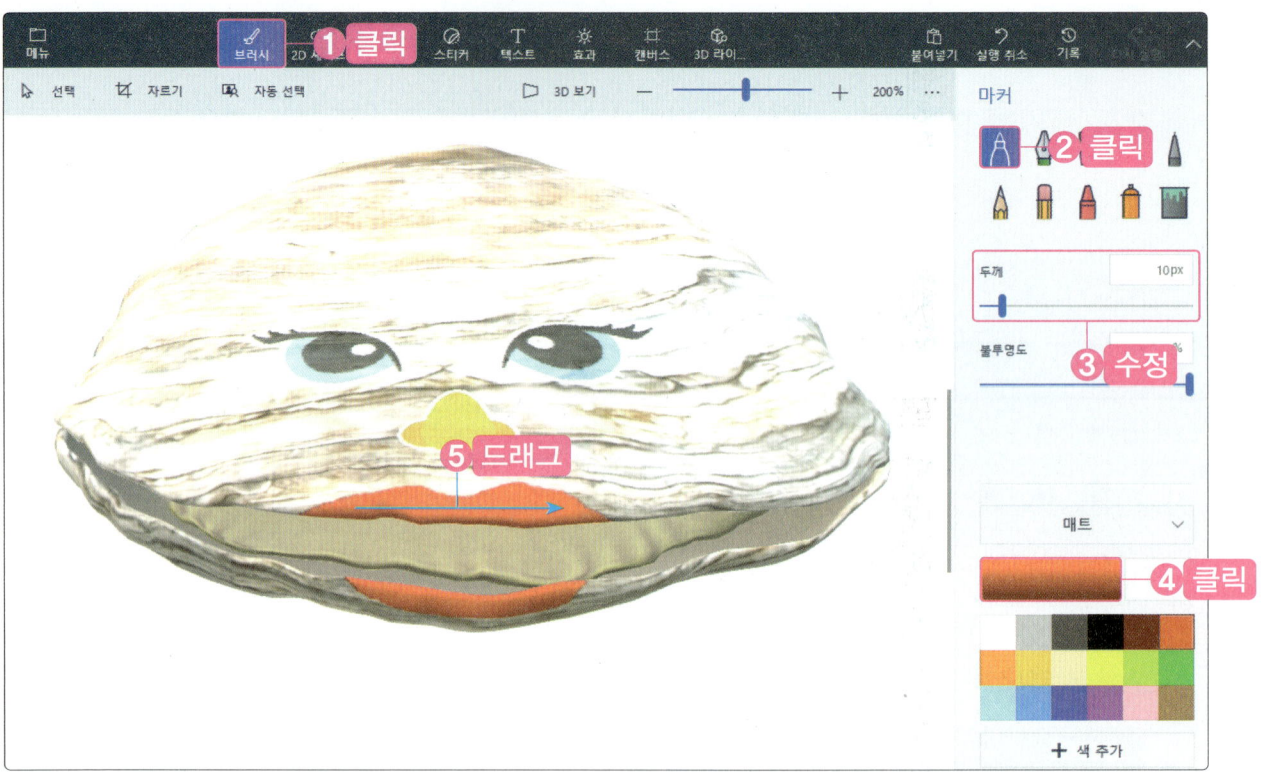

02 완성된 파일은 [메뉴]-[저장]-[3D 모델]을 클릭하여 3D 모델로 저장할 수 있어요.

↳ 나중에 그림판 3D에서 편집하기 위해서는 [메뉴]-[저장]-[그림판 3D 프로젝트]로 저장해야 해요.

잘못 칠한 입술 부분을 지우려면 어떻게 할까요?

- [브러시] 도구의 [지우개( )]를 클릭 후 두께를 수정하고 지우려는 부분을 드래그하면 지울 수 있어요.

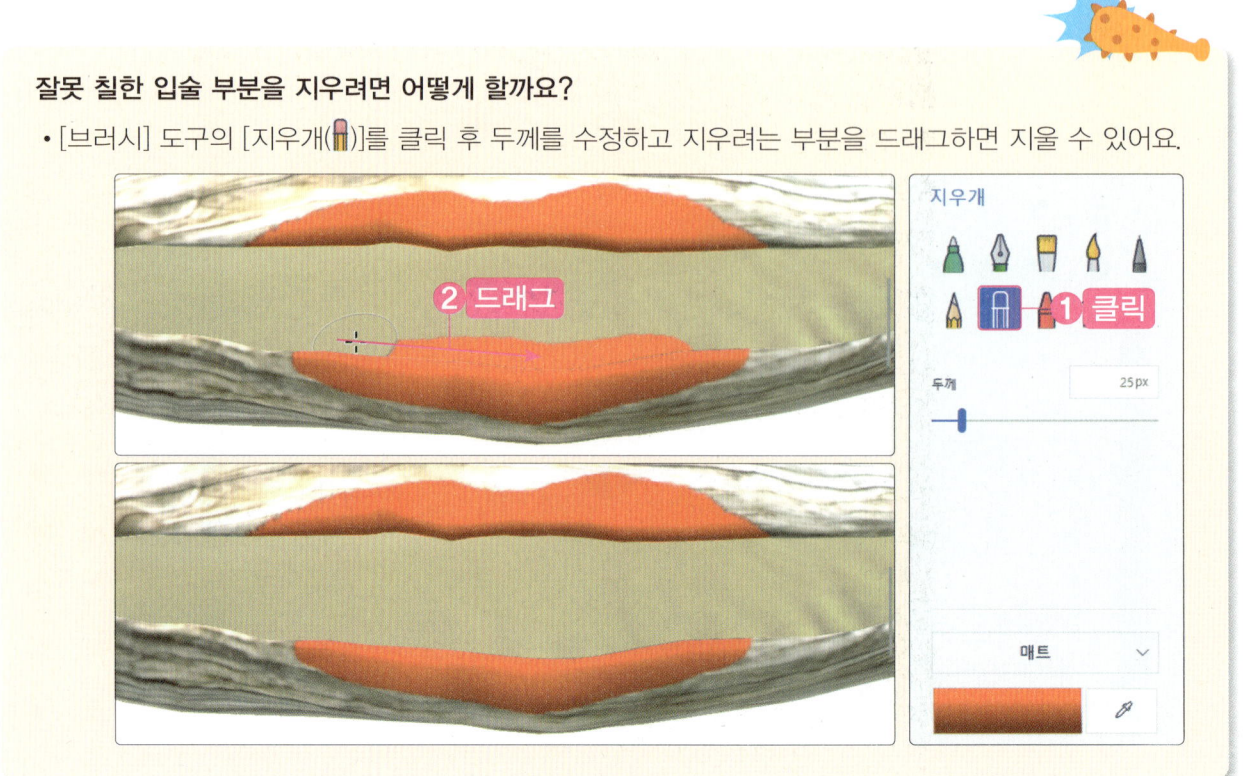

Copilot 인공지능(AI)으로 배우는 학습 업그레이드

코파일럿 AI를 활용하여 아래의 내용을 알아보아요.

AI 검색 그림판 3D 프로그램의 브러시 기능을 초등학생이 이해할 수 있도록 설명해 주세요.

1 [10차시]-[불러올 파일]-[신사] 파일을 불러와 그림판 3D에서 예쁘게 꾸며보아요.

[브러시]-[채우기()]의 허용 오차(1%)를 지정하고 원하는 색으로 옷과 넥타이, 단추 등을 칠해보세요.

Lesson 11 메모장으로 메모하기

배울 수 있어요!
- 메모장의 사용 방법을 알 수 있어요.
- 이모지의 입력 방법을 알 수 있어요.

메모장이란 무엇인가요?

메모장이란 컴퓨터 안에 있는 공책 같은 거예요.
종이에 글씨를 쓰듯이 컴퓨터에서는 메모장에 글을 쓸 수 있어요.
메모장은 글을 쓰고 간단한 편집 기능으로 편집할 수 있으며, 저장도 할 수 있어요.

메모장이 편리한 점은 무엇인가요?

- **빠르고 쉬워요** : 복잡한 기능 없이 바로 글을 쓸 수 있어요.
- **가볍고 작아요** : 컴퓨터에 부담을 주지 않아요.
- **모든 컴퓨터에 있어요** : 윈도우 컴퓨터에는 기본으로 들어 있어요.

```
떡볶이 레시피
1. 팬에 물(600ml)에 대파, 어묵을 넣고 끓이기
2. 설탕 1큰술, 다진마늘 1/2큰술, 소금 1/3큰술을 넣기
3. 떡볶이 소스를 넣고 뭉근하게 끓이면 완성
```

```
*^___^*   (❀´◡`❀)   ✪ω✪
```

유사어 반대어 찾기 — 인공지능(AI)에게 잘 물어보기 위한 문해력 높이기

문제 풍부하다와 반대되는 뜻은 무엇일까요?

'풍부하다'의 반대말은 무엇일까요?

- 넉넉하다
- 부족하다
- 많다
- 다양하다

Copilot 인공지능(AI)에게 물어보기

🎨 코파일럿 AI를 활용하여 오늘 배울 내용을 미리 알아보아요.

AI 검색 윈도우에서 메모장의 사용 방법을 초등학생이 이해할 수 있도록 쉽게 설명해 주세요.

1 메모장을 실행하고 글꼴을 설정해요.

01 [시작(▦)]-[메모장]을 클릭하여 메모장 프로그램을 실행해요.

02 [메모장] 앱이 실행되면 [설정(⚙)]을 클릭한 후 원하는 글꼴(맑은 고딕) 및 크기(28) 등을 수정해요.

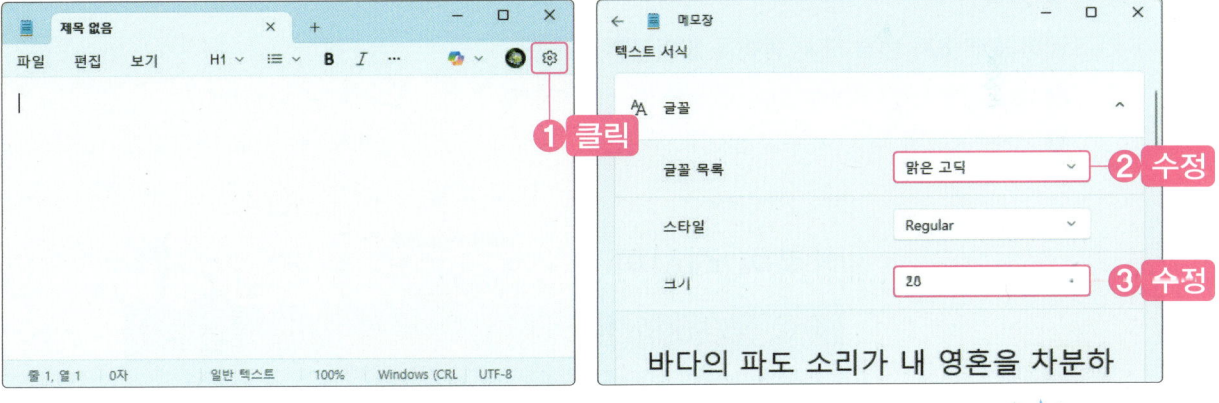

[메모장] 창의 크기에 맞추어 자동으로 줄 바꾸는 방법을 알아볼까요?
- [보기]-[자동 줄 바꿈]을 클릭하여 체크 표시하면 창의 크기에 맞추어 자동으로 줄 바꿈이 이루어져요.

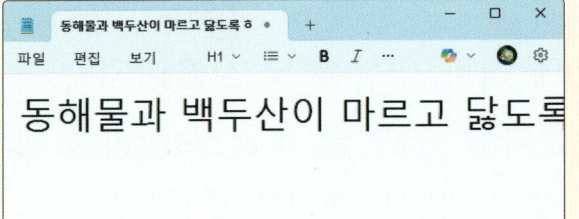 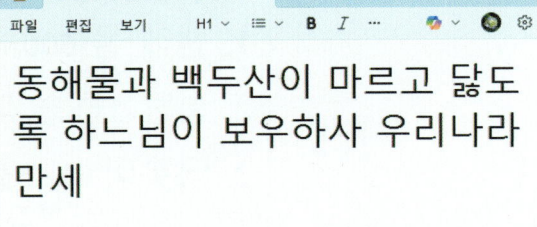

Lesson 11 · 메모장으로 메모하기

2 메모장에 한자를 입력해요.

01 메모장에 "한자"를 입력한 후 키보드의 한자를 눌러요.
한자 목록이 표시되면 원하는 한자(漢字)를 클릭해요.

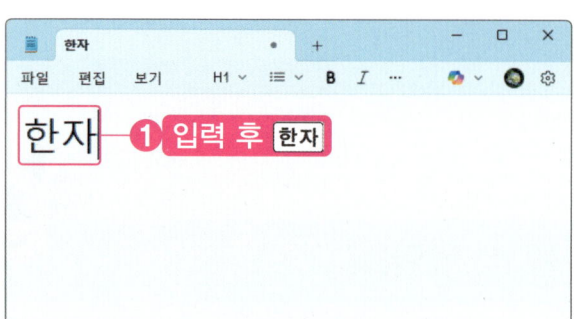
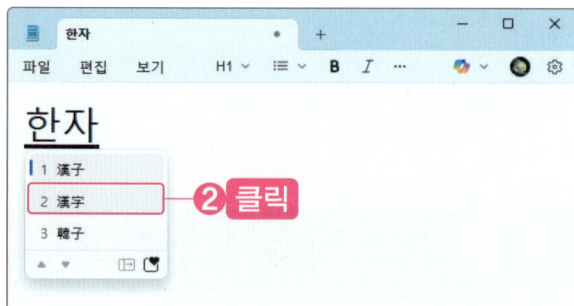

02 입력한 한글(한자)이 한자(漢字)로 바껴요. 같은 방법으로 대한민국 단어를 한자로 바꾸어 보아요.

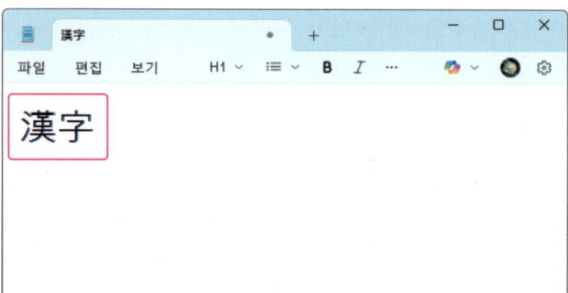
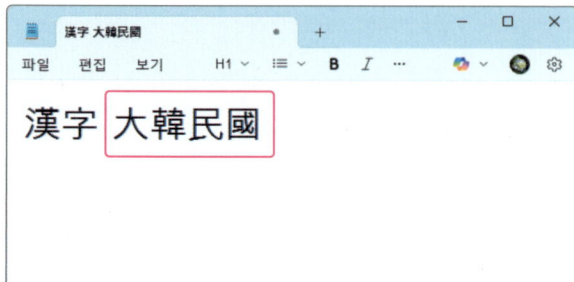

글머리에 숫자 번호 표시 방법을 알아볼까요?

❶ 메모장에서 글머리에 숫자 번호를 표시할 문장을 드래그하여 블록 지정해요.
❷ 도구 상자의 목록(☰)을 클릭한 후 [번호 매기기 목록]을 선택하면 번호 매기기가 지정돼요.

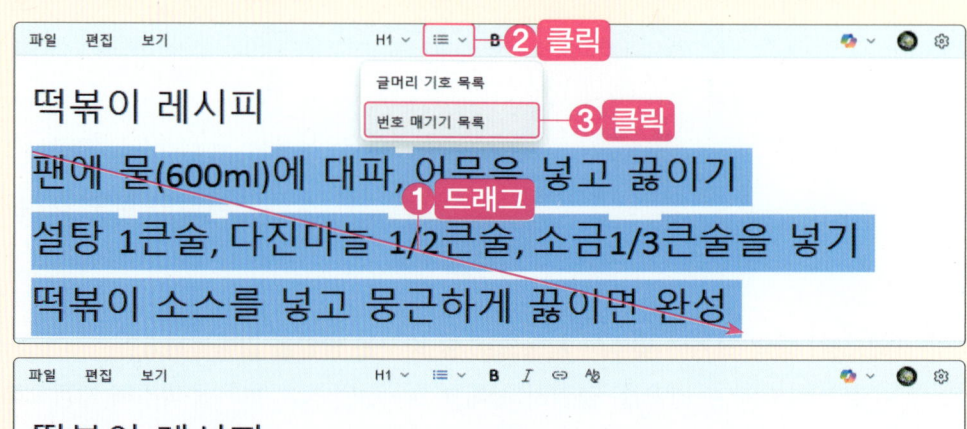

3 메모를 입력하고 인터넷과 연결해요.

01 메모장에 "K마블 타자 연습"을 입력하고 드래그하여 블록 지정한 후 [연결(🔗)]을 클릭해요. [링크] 대화상자에서 주소(http://www.kmabl.co.kr/game)를 입력하고 [삽입]을 클릭해요.

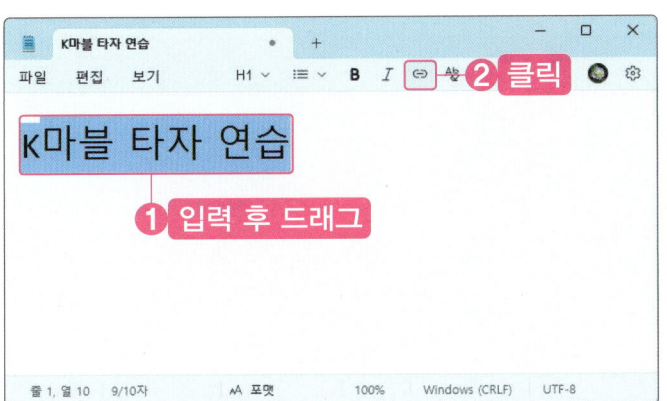
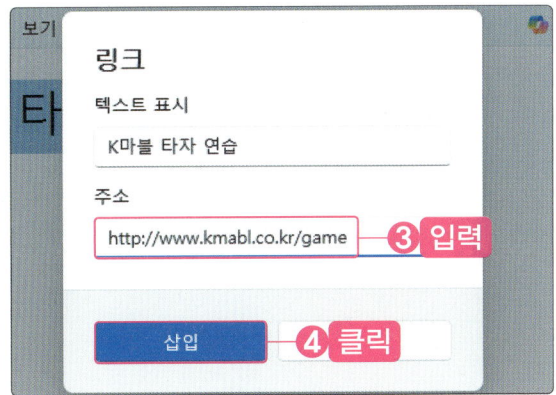

02 입력한 단어(K마블 타자 연습)에 파란색 밑줄이 표시되면 키보드의 Ctrl 을 누르고 클릭해요. 인터넷이 실행되면서 K마블 홈페이지가 연결돼요.

링크 연결을 해제하려면 어떻게 해야 할까요?

- 링크 연결을 지우려면 연결된 단어를 블록 지정한 후 [서식 지우기(🅰)]를 클릭해요.

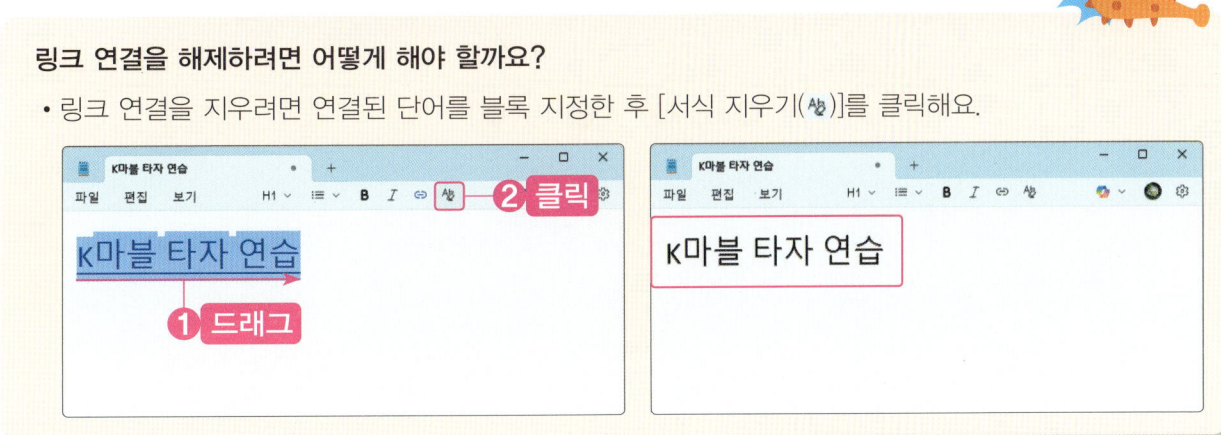

4 메모장에 이모지를 입력해요.

01 메모장에서 "ㅁ"을 입력한 후 키보드의 한자를 누르고 특수 문자 목록이 표시되면 이모지(💟)를 클릭해요.

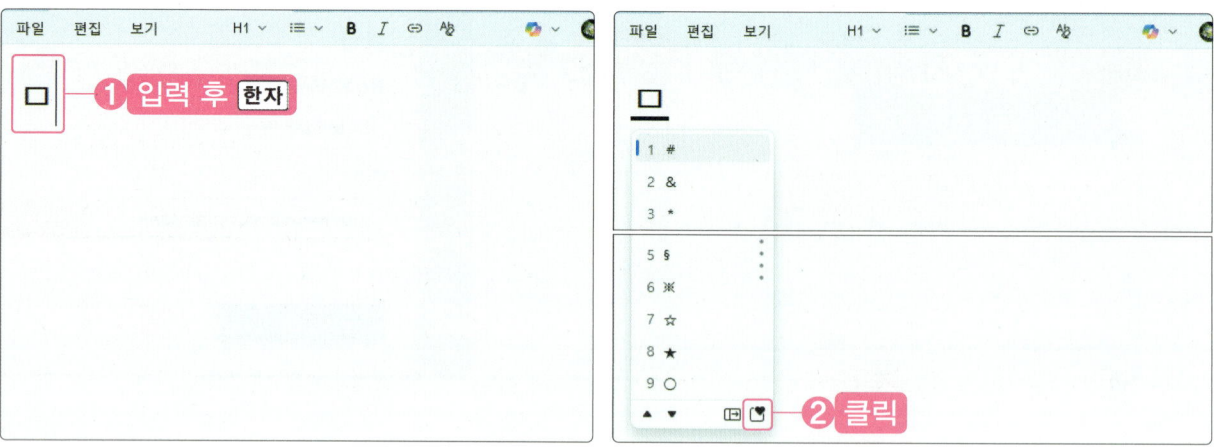

02 [이모지 등] 대화상자에서 [Kaomoji] 항목의 원하는 이모지 모양을 클릭해요.

↳ [Kaomoji] 항목의 [더 보기(>)]를 클릭 후 원하는 이모지 모양을 클릭해요.

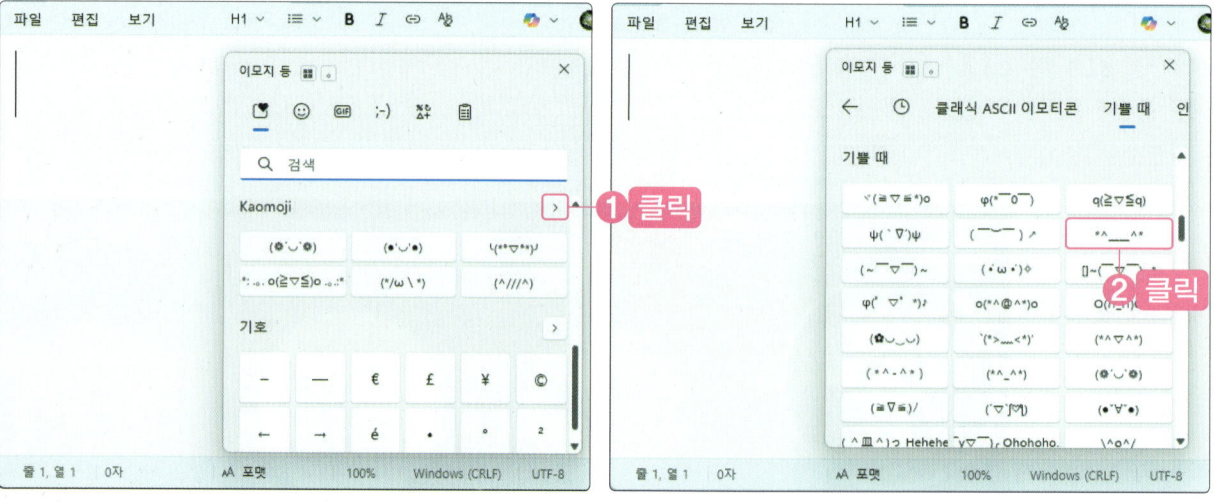

03 선택한 이모지 모양이 메모장에 표시돼요. 같은 방법으로 좋아하는 이모지 모양을 만들어 보아요.

Copilot — 인공지능(AI)으로 배우는 학습 업그레이드

코파일럿 AI를 활용하여 아래의 내용을 알아보아요.

AI 검색 이모지란 무엇인지 초등학생이 이해할 수 있도록 설명해 주세요.

1 메모장에서 이모지를 이용하여 좋아하는 이모지 모음을 만들어 보아요.

↳ 메모장에서 "ㅁ"을 입력한 후 [한자]를 눌러 [Kaomoji] 항목의 [더 보기(>)]에서 원하는 이모지 모양을 선택

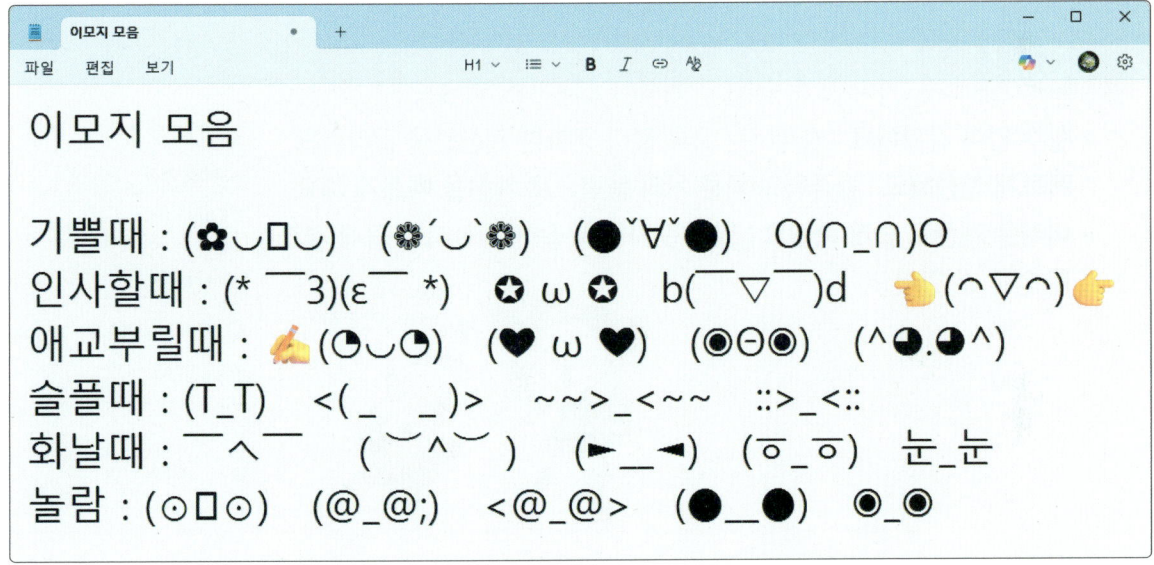

2 디지털 환경에서 감정이나 분위기를 시각적으로 표현하기 위해 사용하는 작은 그림을 무엇이라고 할까요?

❶ 리모콘　　　❷ 스티커　　　❸ 이모지　　　❹ 이모부

Lesson 12 계산기로 계산하기

배울 수 있어요!
- 계산기의 사용 방법을 알 수 있어요.
- 계산기의 다양한 계산 방법을 알 수 있어요.

계산기란 무엇인가요?

윈도우에 포함된 **계산기**는 다양한 계산에 사용할 수 있어요.
덧셈, 뺄셈, 곱셈, 나눗셈 등의 숫자 계산에 편리해요.
계산기에서는 시간 및 날짜, 기념일이나 환율 등도 계산할 수도 있어요.

계산기의 편리한 점은 무엇인가요?

- **실수 없이 정확해요** : 컴퓨터는 오류 없이 정확한 계산값을 알려줘요.
- **빠르게 계산해요** : 컴퓨터의 빠른 처리 능력으로 계산을 빠르게 해요.
- **어려운 계산도 쉽게 해줘요** : 많은 숫자나 복잡한 계산식도 쉽게 결과를 얻을 수 있어요.

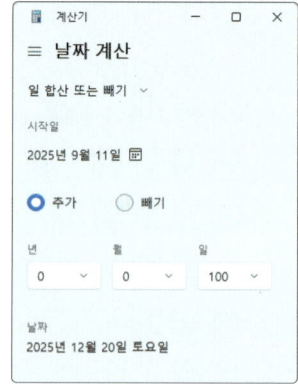

속담·관용구 — 인공지능(AI)에게 잘 물어보기 위한 문해력 높이기

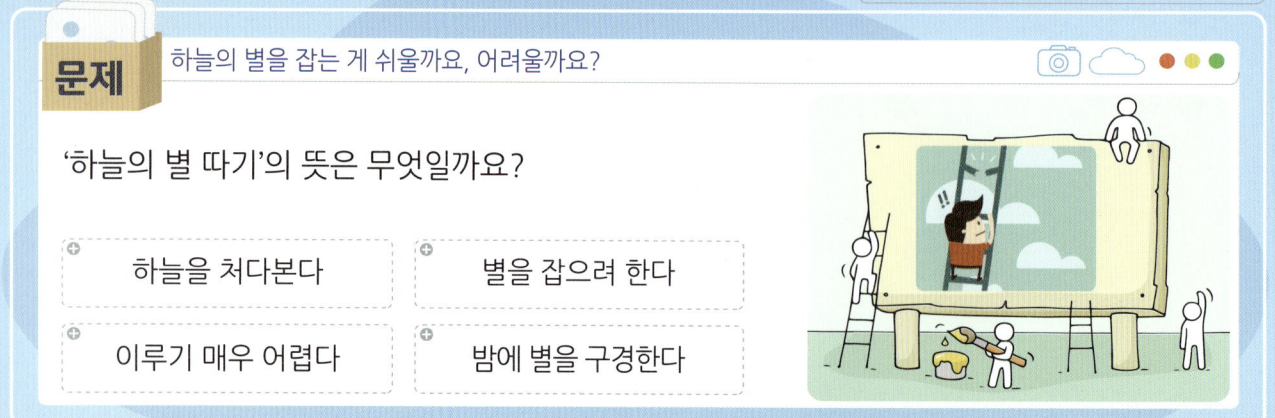

문제 하늘의 별을 잡는 게 쉬울까요, 어려울까요?

'하늘의 별 따기'의 뜻은 무엇일까요?

- 하늘을 쳐다본다
- 별을 잡으려 한다
- 이루기 매우 어렵다
- 밤에 별을 구경한다

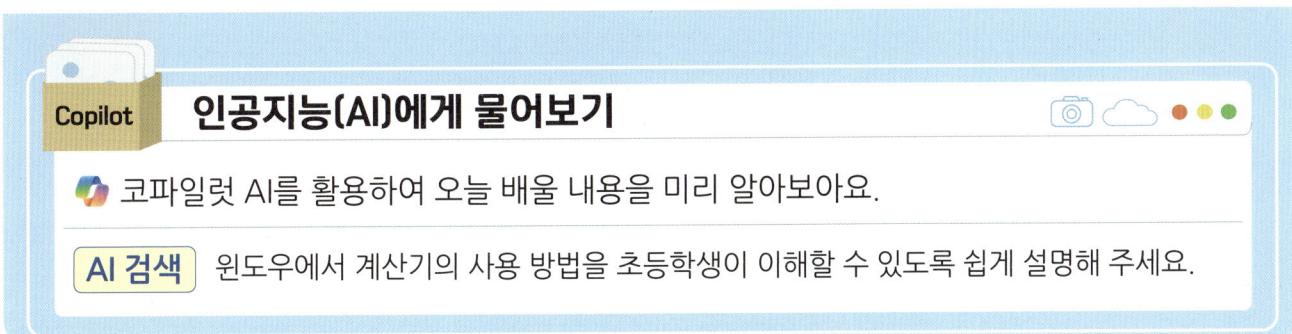

Copilot 인공지능(AI)에게 물어보기

코파일럿 AI를 활용하여 오늘 배울 내용을 미리 알아보아요.

AI 검색 윈도우에서 계산기의 사용 방법을 초등학생이 이해할 수 있도록 쉽게 설명해 주세요.

1 계산기를 실행하고 문제를 풀어봐요.

01 [시작(▦)]-[계산기]를 클릭하여 계산기 프로그램을 실행해요.

02 동물나라에는 다양한 동물들이 살고 있으며, 가족의 수는 펫말에 적힌 숫자 만큼이라고 해요. 그림을 참고하여 계산기로 문제를 풀어 보세요.

❶ 동물나라에 살고 있는 가족은 모두 몇 명 일까요?

95 + 120 + 115 + 80 + 150 + 95 =

❷ 가장 많은 동물과 가장 적은 동물의 차이는 몇 명일까요?

150 - 80 =

❸ 곰 친구들이 3배로 늘었다면 곰 가족은 모두 몇 명일까요?

150 * 3 =

❹ 하마 가족과 곰 가족의 평균은 몇 명일까요?

(120 + 150) ÷ 2 =

2 계산기로 시간과 환율을 계산해요.

01 계산기 앱의 [탐색 열기(≡)]를 클릭한 후 [시간]을 선택해요.
기준 단위(년)와 변환 단위(시간)를 수정한 후 기준 단위(5)를 키패드로 클릭하여 5년에 해당하는 시간(43,830)을 확인해요.

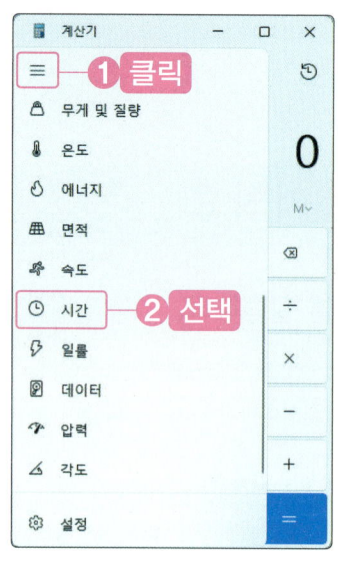 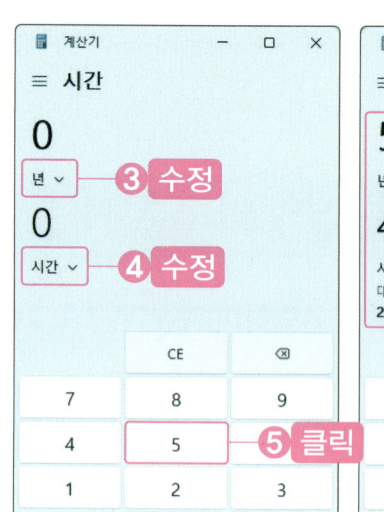 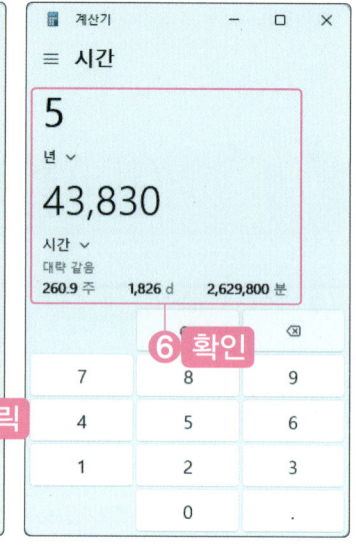

02 계산기 앱의 [탐색 열기(≡)]를 클릭한 후 [통화 환율]을 선택해요.
기준 단위(미국 - 달러)와 변환 단위(한국 - 원)를 수정한 후 기준 단위(20)를 키패드로 클릭하여 변환 단위의 금액을 확인해요.

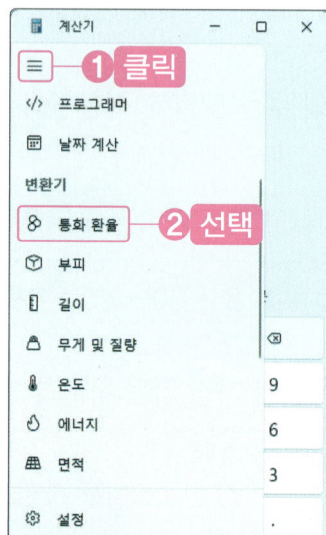 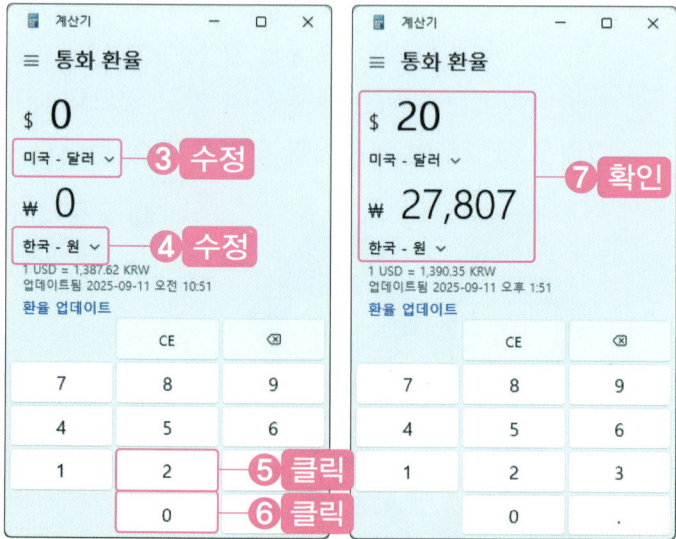

현재의 환율로 수정하려면 어떻게 할까요?
• 통화 환율 계산기의 아래쪽 [환율 업데이트]를 클릭하면 현재의 환율로 자동으로 수정할 수 있어요.

3 계산기로 날짜를 계산해요.

01 계산기 앱의 [탐색 열기(≡)]를 클릭한 후 [날짜 계산]을 선택해요.
지금부터 생일까지 며칠이 남았는지 계산하기 위해 시작일(예: 2025년 12월 20일)을 지정해요.

↳ 생일 예 : [시작일]을 클릭 후 년(2025), 월(12월), 일(20일)을 순서대로 클릭해요.

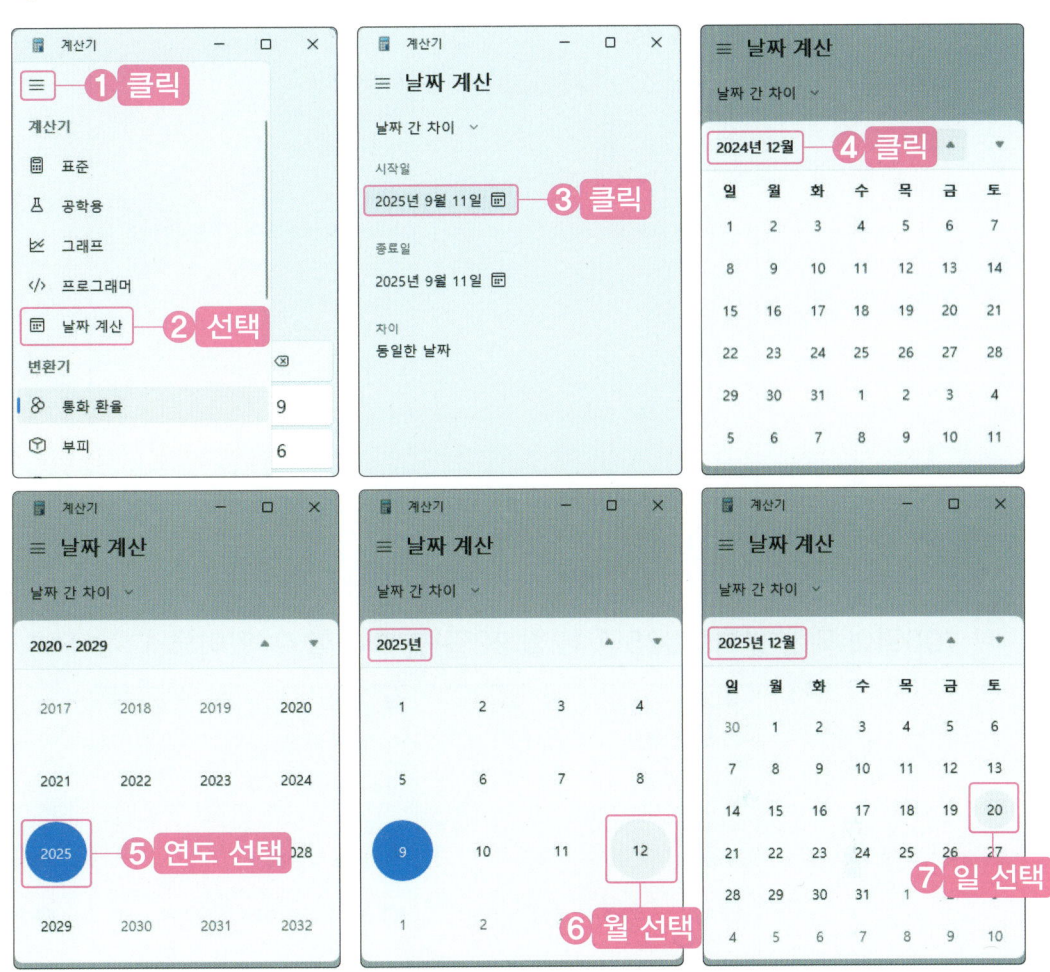

02 종료일이 현재 날짜일 경우 오늘부터 생일(2025년 12월 20일)까지 총 며칠이 남았는지 확인할 수 있어요.

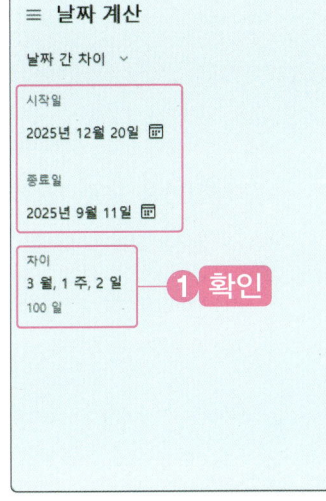

종료일도 수정할 수 있을까요?
• 종료일의 경우 기본 설정은 현재 날짜로 되어 있으며, 시작일을 지정하는 것과 같이 종료일도 수정하여 날짜를 계산할 수 있어요.

Lesson 12 • 계산기로 계산하기 75

4 계산기로 기념일을 계산해요.

01 계산기 앱이 날짜 계산 상태에서 [날짜 간 차이]를 클릭 후 [일 합산 또는 빼기]로 수정해요. 일 합산 또는 빼기 화면으로 바뀌면 시작일을 현재 날짜(예 : 2025년 9월 11일)로 수정해요.

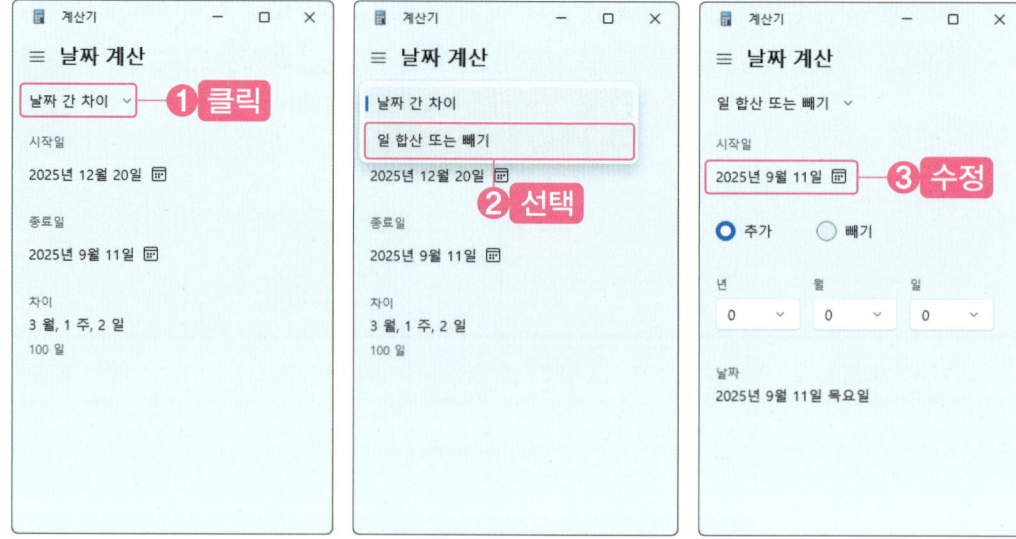

02 일 항목의 목록 단추(∨)를 클릭 후 100을 선택하면 현재 오늘 날짜(2025년 9월 11일) 부터 100일이 되는 날짜(2025년 12월 20일)를 확인할 수 있어요.

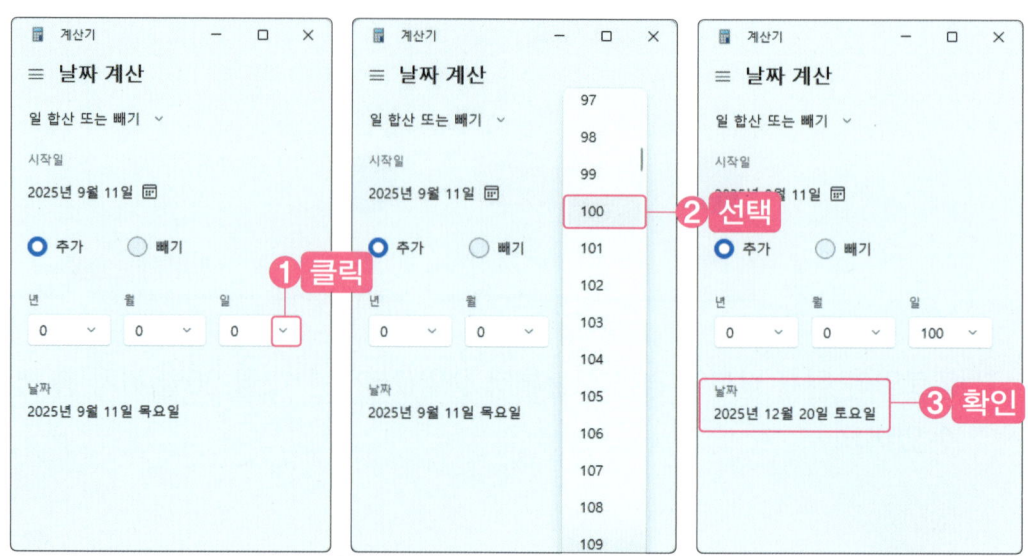

계산기를 표준 계산기로 다시 바꾸려면 어떻게 해야 할까요?
- 계산기의 탐색 열기(☰)를 클릭한 후 [표준]을 선택하면 표준 계산기로 돌아갈 수 있어요.

Copilot | 인공지능(AI)으로 배우는 학습 업그레이드

코파일럿 AI를 활용하여 아래의 내용을 알아보아요.

AI 검색 윈도우 계산기에서 길이 단위 계산으로 바꾸고 인치를 센티미터로 계산하는 방법을 초등학생이 이해할 수 있도록 설명해 주세요.

1 계산기에서 길이 계산으로 수정한 후 20인치가 몇 센티미터인지 계산해 보아요.

계산기에서 [탐색 열기(≡)]를 클릭한 후 [길이]를 선택하고 기준 길이(인치), 변환 길이(센티미터)로 수정

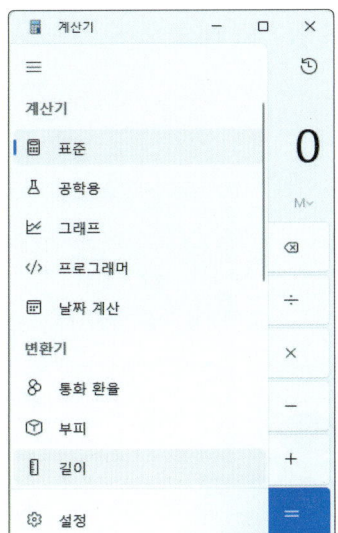
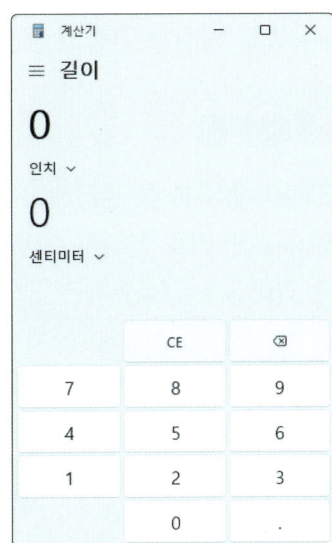

2 윈도우 11에서 제공하는 보조 프로그램 중 다양한 계산에 사용할 수 있는 앱으로 맞는 것은 무엇일까요?

❶ 그림판   ❷ 계산기   ❸ 메모장   ❹ 캡처 도구

Lesson 13. Microsoft Store 앱 활용하기
(마이크로소프트 스토어)

배울 수 있어요!
- 마이크로소프트 스토어를 알 수 있어요.
- 앱(App)의 설치 방법을 알 수 있어요.

Microsoft Store란 무엇인가요?

마이크로소프트 스토어는 컴퓨터 속에 있는 가게를 말해요.
마트에 가서 장난감을 사듯이 필요한 프로그램을 다운로드 받아 내 컴퓨터에 설치할 수 있어요.
앱(App)에 따라 무료와 유료로 나뉘고 연령의 제한이 있기도 해요.

Microsoft Store를 이용할 때 좋은점

- **안전해요** : 나쁜 프로그램이 없도록 잘 관리해요.
- **쉽게 설치돼요** : 버튼만 누르면 바로 설치할 수 있어요.
- **필요한 걸 쉽게 찾을 수 있어요** : 검색만 하면 금방 나와요.

나두! 나두~!!
재미있는 게임이 있는지 잘 찾아봐야지~^^

뜻 맞히기 — 인공지능(AI)에게 잘 물어보기 위한 문해력 높이기

문제 선생님 말씀을 들을 때 어떻게 들어야 할까요?

선생님 말씀을 경청해야 한다.
이 때, '경청'의 뜻은 무엇일까요?

- 귀 기울여 듣기
- 마음대로 말하기
- 빠르게 대답하기
- 웃으면서 듣기

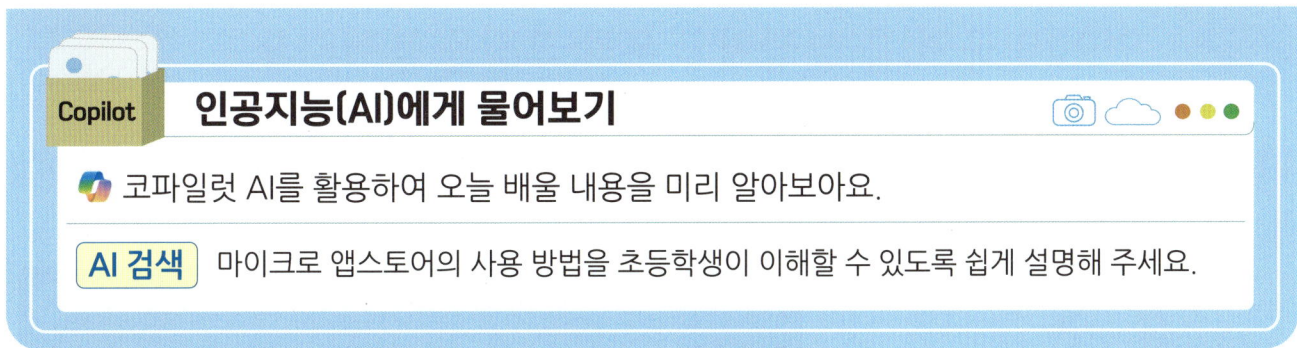

1 색칠공부 앱을 설치해요.

01 [시작(▦)]-[Microsoft Store]를 클릭한 후 '색칠공부' 앱을 다운로드하여 설치해요.

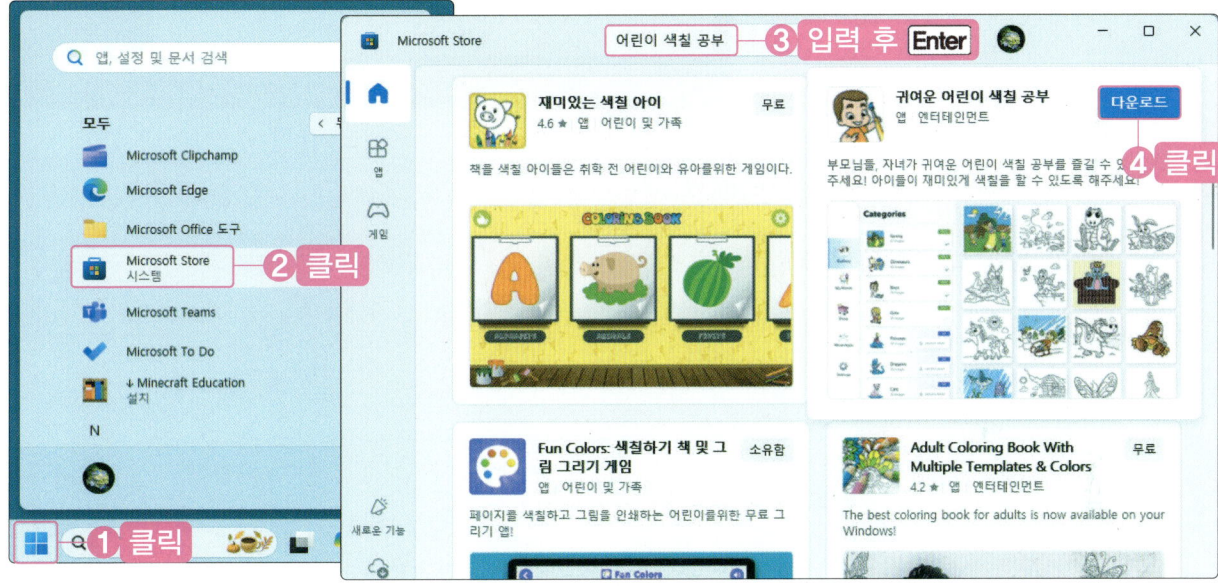

02 설치가 완료되면 [Microsoft Store] 창을 종료한 후 [시작(▦)]-[색칠 공부] 앱을 클릭해요.

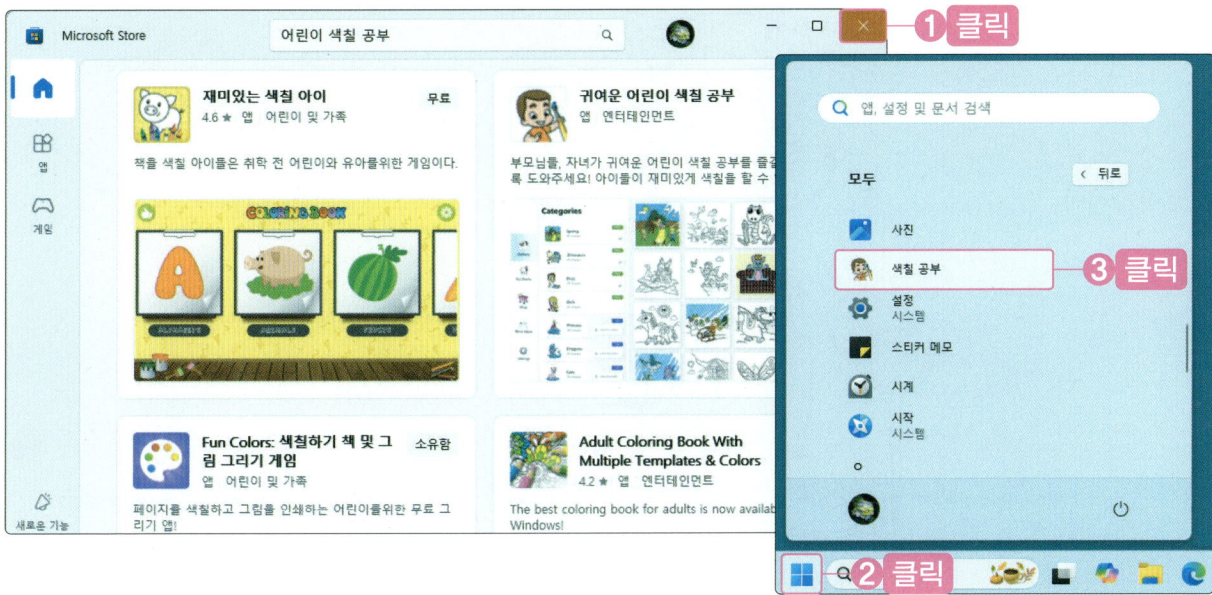

Lesson 13 • Microsoft Store 앱 활용하기

2 언어(한국어)를 설정하고 무료 그림을 불러와요.

01 언어를 한국어로 바꾸기 위해 [Settings(⚙)]을 클릭한 후 [설정] 대화상자에서 [한국어]로 변경하고 [닫기(✖)]를 클릭해요.

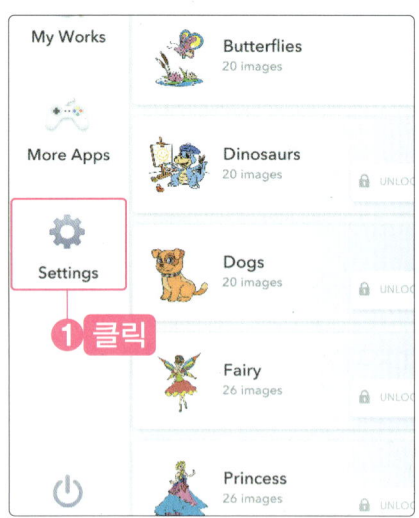
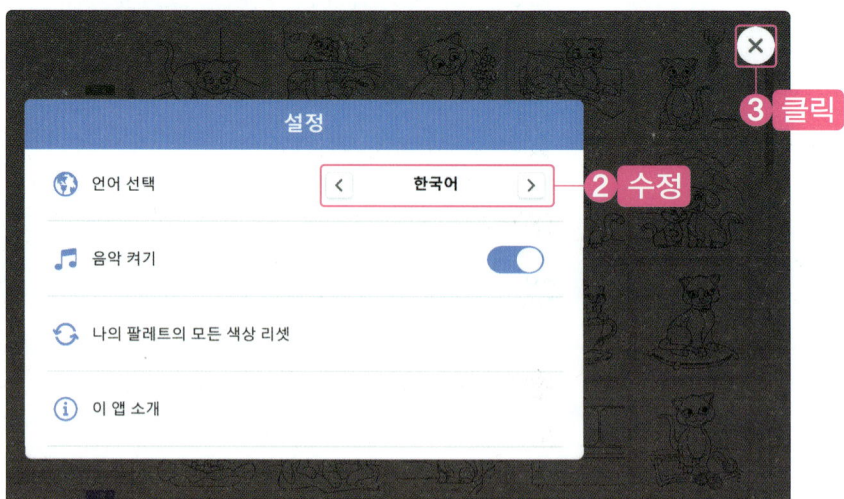

02 무료 그림 중 원하는 그림을 선택해요.

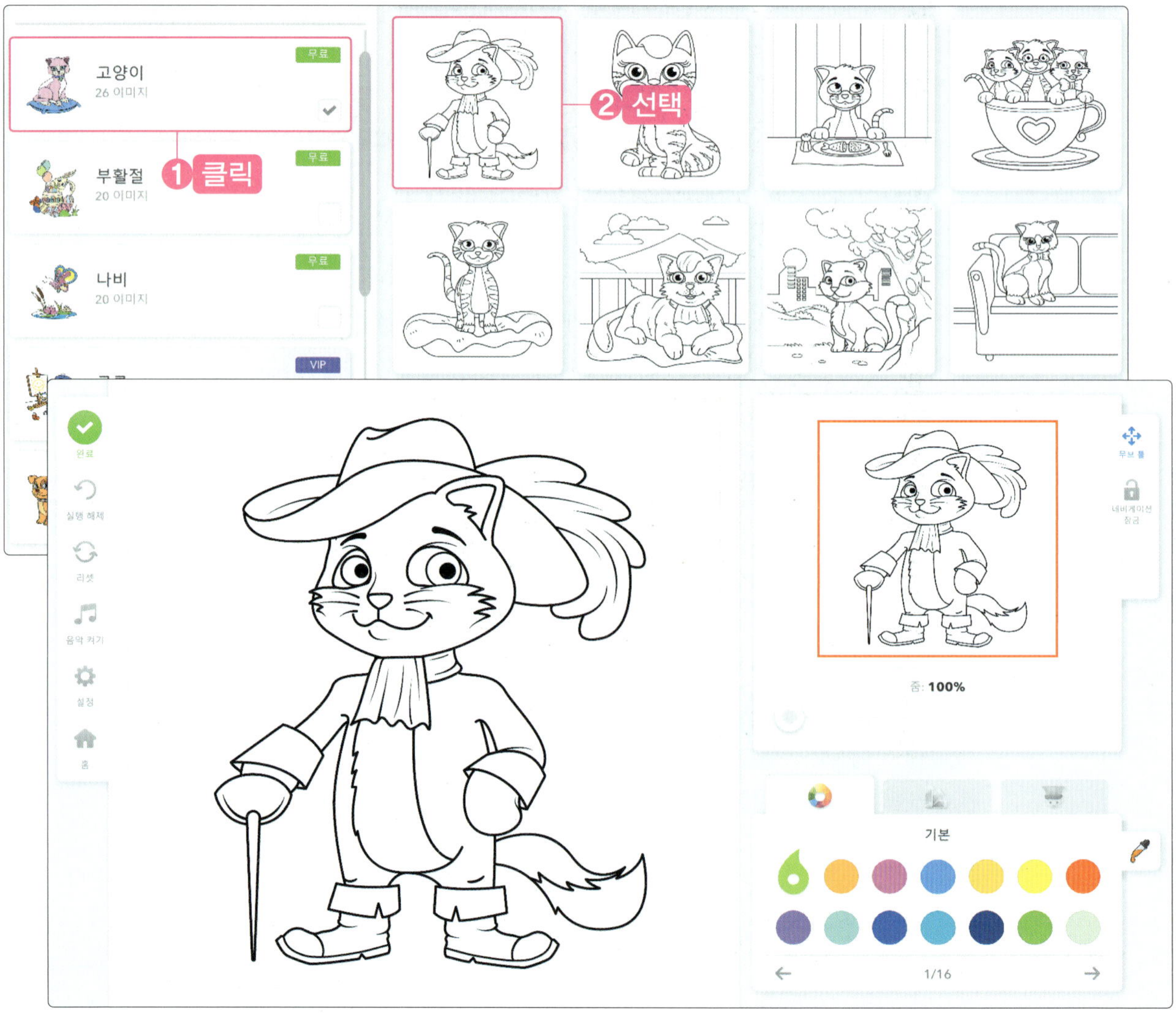

3 기본 색과 명암 색을 이용하여 색칠해요.

01 [기본( )] 탭의 색상에서 원하는 색을 선택한 후 고양이 얼굴과 몸을 색칠해요.

02 [명암( )] 탭의 명암 색을 통해 고양이 몸통 색의 진하기 등을 참고하여 고양이의 색을 칠해요.

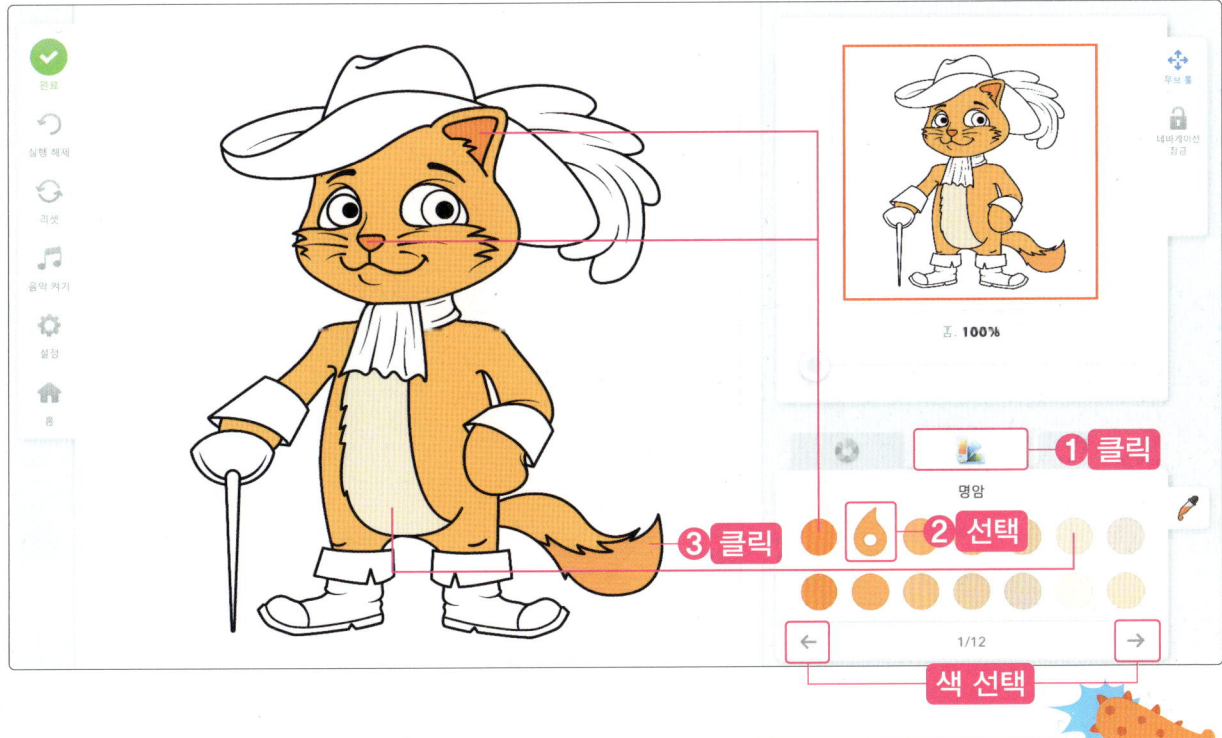

실행 취소 방법과 처음 상태로 만들려면 어떻게 해야 할까요?
- 실행 취소( ) : 방금 전 실행을 취소 실행 이전 상태로 되돌아가요.
- 처음 상태–리셋( ) : 그림을 초기화 하고 처음 상태로 되돌아가요.

나만의 팔레트로 색을 만들어 색칠해요.

01 [나만의 팔레트(🎨)] 탭의 [색 추가(+)]를 클릭한 후 원하는 색을 선택하고 [색상추가]를 클릭해요.

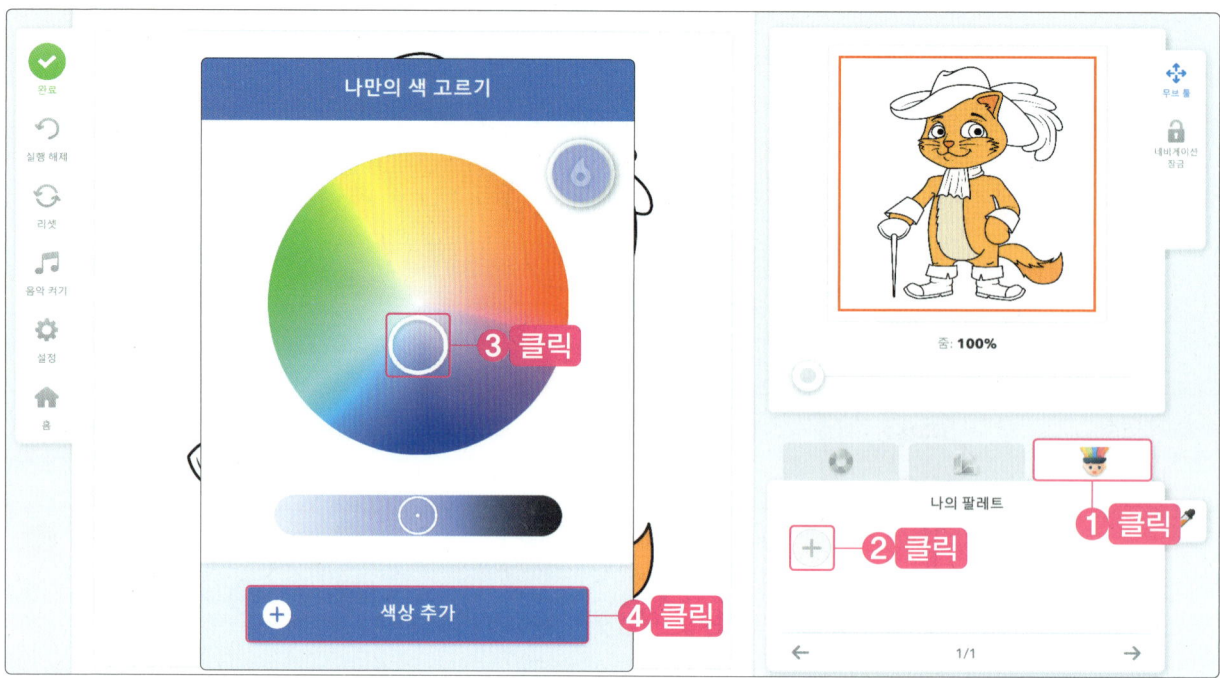

02 같은 방법으로 원하는 색을 추가한 후 그림을 예쁘게 색칠해요.

완성한 그림은 어떻게 저장 할까요?
- 그림 저장은 완료(✓)를 클릭한 후 [JPEG] 또는 [PNG] 파일로 저장할 수 있으며, 필터 추가 단계에서 원하는 필터를 추가할 수도 있어요.

Copilot 인공지능(AI)으로 배우는 학습 업그레이드

코파일럿 AI를 활용하여 아래의 내용을 알아보아요.

AI 검색 윈도우 시작 메뉴에서 설치된 앱을 삭제하는 방법을 초등학생이 이해할 수 있도록 설명해 주세요.

1 색칠 공부 앱을 이용하여 원하는 그림을 선택하고 예쁘게 색칠해 보아요.

2 윈도우 시작 메뉴에서 설치된 색칠 공부 앱을 제거해 보아요.

Lesson 13 • Microsoft Store 앱 활용하기

Lesson 14 인터넷 우리동네 알아보기

배울 수 있어요!
- 인터넷의 주소 연결 방법을 알 수 있어요.
- 네이버 지도의 사용 방법을 알 수 있어요.

네이버 지도란 무엇인가요?

네이버 지도는 네이버에서 만든 인터넷 지도 앱을 말해요.
특정 길을 찾거나 맛집을 찾을 때, 버스나 지하철 시간을 확인할 때 등 다양한 방법에 사용하는 똑똑한 지도를 말해요.

네이버 지도로 할 수 있는 일은 무엇인가요?

- **길찾기** : 집에서 학교까지 어떻게 가는지 알 수 있어요.
- **장소 검색** : '파주에 있는 피자집'처럼 원하는 장소를 찾아줘요.
- **대중교통 검색** : 버스, 지하철 등을 어떻게 타야 하는지 알려줘요.
- **실시간 교통 정보** : 도로가 막히는지, 빨리 가는 길이 뭔지 알려줘요.
- **거리와 시간 계산** : 걸어서, 자전거로, 차로 얼마나 걸리는지 알려줘요.

문맥 속 단어고르기 — 인공지능(AI)에게 잘 물어보기 위한 문해력 높이기

문제 폭풍우가 불면 배가 어떻게 흔들릴까요?

폭풍우가 몰아쳐서 배가 _____ 흔들렸다.
밑줄에 들어갈 단어로 옳은 것은 무엇일까요?

- 세차게
- 조용히
- 느긋하게
- 부드럽게

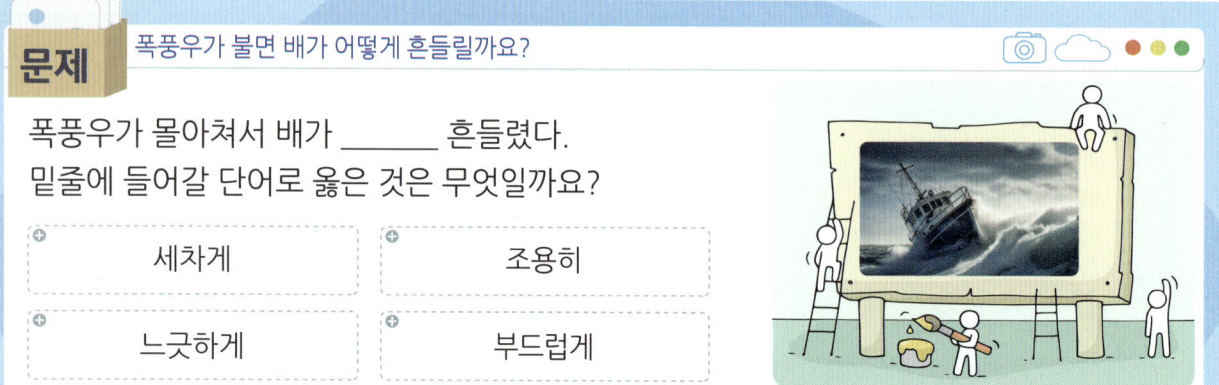

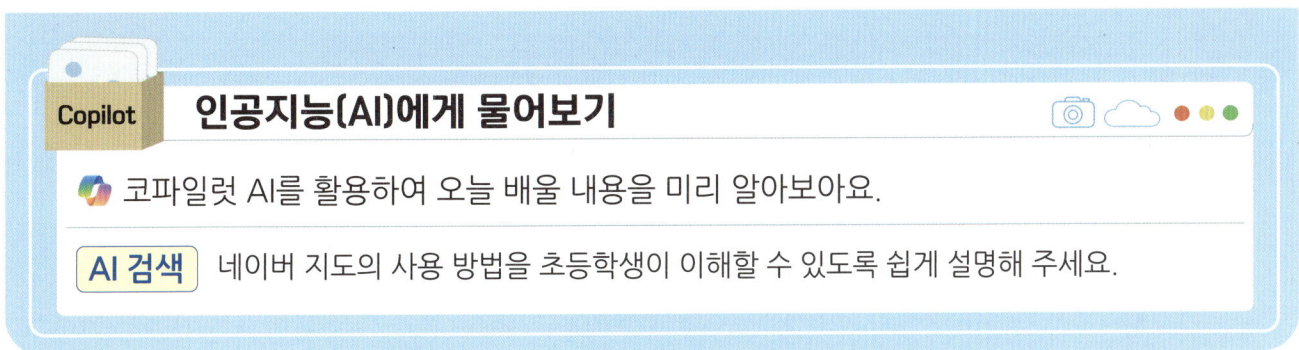

1 인터넷 엣지에서 네이버 홈페이지로 이동해요.

01 작업 표시줄의 [인터넷 엣지()] 또는 [시작(▦)]-[인터넷 엣지(●)]를 클릭하여 실행해요.

02 주소 입력란에 '네이버'를 입력한 후 Enter 를 누르고 검색 결과가 표시되면 [네이버]를 클릭해요.

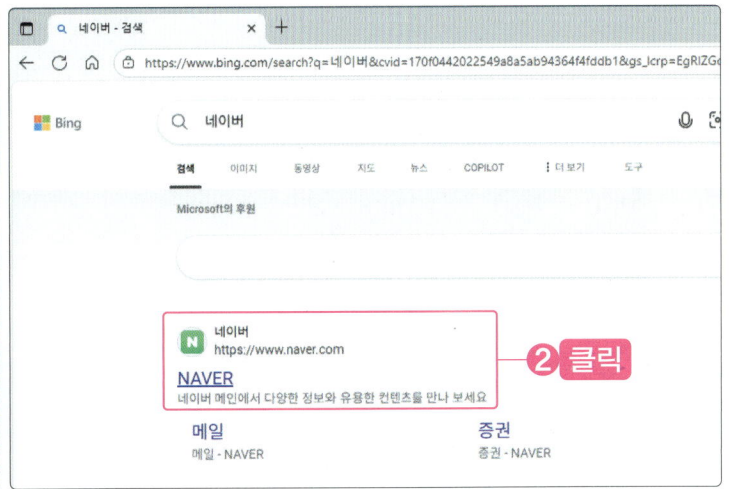

Lesson 14 • 인터넷 우리동네 알아보기

2 네이버 지도에서 우리동네 학교를 찾아봐요.

01 네이버 홈페이지가 열리면 위쪽 메뉴에서 [지도]를 클릭해요.

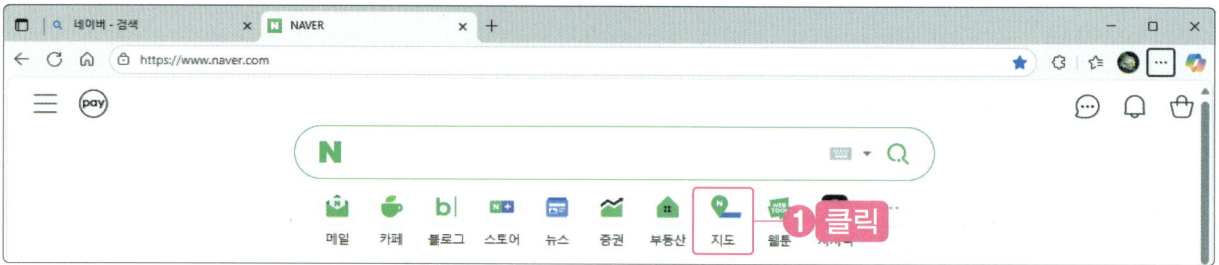

02 네이버 지도 화면으로 이동되면 현재 다니고 있는 학교 이름을 입력한 후 Enter 를 눌러요.

03 학교가 위치한 지도가 표시되면 [거리뷰]를 클릭한 후 확대(⤢)하여 주변 거리를 확인해요.

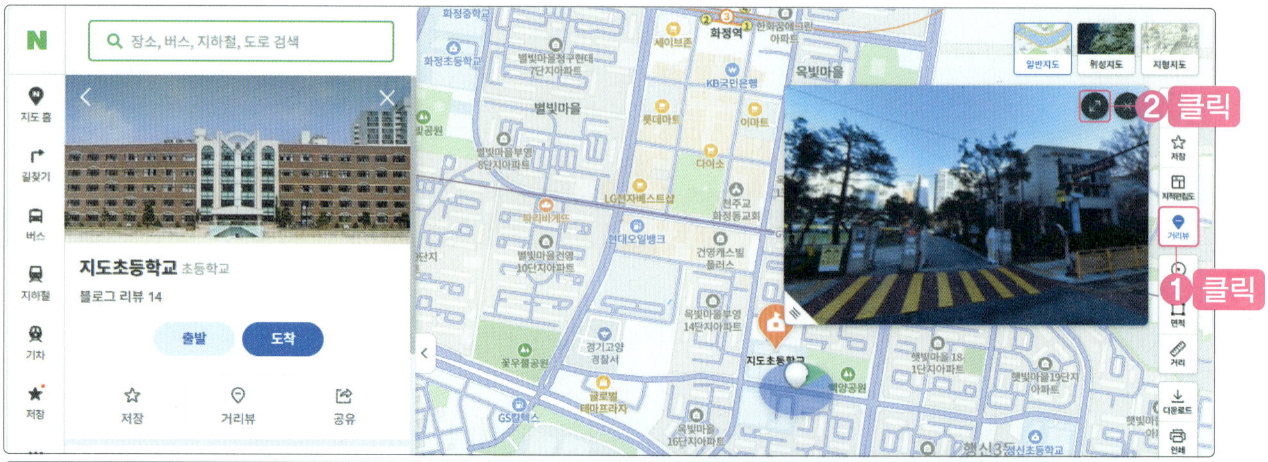

04 학교 주변을 살펴보고 집까지 길을 따라 이동해요.

지도의 움직임에 사용하는 도구를 알아볼까요?

- **마우스 휠 굴리기** : 지도 화면을 확대 또는 축소할 수 있어요.

- **마우스 클릭 또는 더블클릭** : 마우스의 클릭 또는 더블클릭 위치로 빠르게 이동해요.

- **마우스 왼쪽 단추를 누르고 드래그** : 화면의 보는 시점을 자유롭게 이동할 수 있어요.

- **키보드의 방향키(↑/↓/←/→)** : 현재 화면에서 앞/뒤/왼쪽/오른쪽으로 이동해요.

Lesson 14 • 인터넷 우리동네 알아보기

3 하늘에서 우리동네를 확인할 수 있어요.

01 네이버 지도의 거리뷰 화면에서 항공뷰(✈)를 클릭해요.

02 하늘에서 내려다 보는 시점으로 바뀌면 원하는 장소를 더블클릭하여 이동할 수 있어요.

Copilot 인공지능(AI)으로 배우는 학습 업그레이드

코파일럿 AI를 활용하여 아래의 내용을 알아보아요.

AI 검색 네이버 지도에서 지점과 지점 사이의 거리를 재는 방법을 초등학생이 이해할 수 있도록 설명해 주세요.

1 네이버 지도를 [위성지도]로 바꾸고 학교에서 우리집까지 거리가 얼마인지 확인해 보아요.

네이버 지도에서 학교의 거리뷰 확인 ▶ [위성지도]를 클릭 ▶ 거리(📏)를 클릭 ▶ 학교 클릭 후 집을 클릭

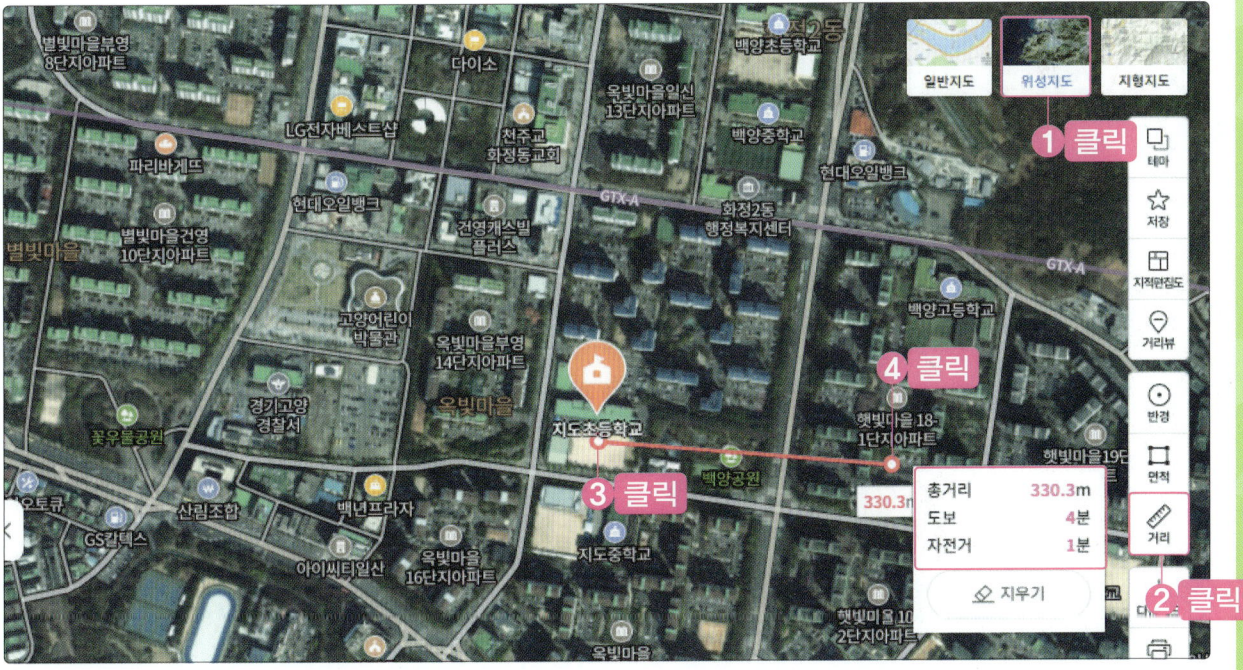

2 네이버 지도에서 도로를 따라 자유롭게 이동하면서 주변 거리를 확인할 수 있는 기능은 무엇일까요?

❶ 맛집뷰　　❷ 거리뷰　　❸ 약도뷰　　❹ 지도뷰

Lesson 15 인터넷 길찾기 알아보기

🔘 **배울 수 있어요!**
- 인터넷 길찾기의 사용법을 알 수 있어요.
- 인터넷 정보의 이미지 저장 방법을 알 수 있어요.

인터넷 길찾기란 무엇인가요?

인터넷 길찾기는 길을 찾아가는 방법을 도와주는 안내 지도를 말해요. 출발지와 도착지를 입력하고 길찾기 버튼을 누르면 버스, 지하철, 자동차 또는 걸어서 가는 방법 등을 쉽고 빠르게 알려주는 길 안내 도우미죠.

인터넷 길찾기의 사용법은 무엇인가요?

❶ 네이버 지도의 길찾기로 이동해요.
❷ 출발지를 검색하고 목록에서 출발을 눌러요.
❸ 도착지를 검색하고 목록에서 도착을 눌러요.
❹ 대중교통, 자동차, 도보, 자전거 중에서 이동 방법을 선택해요.

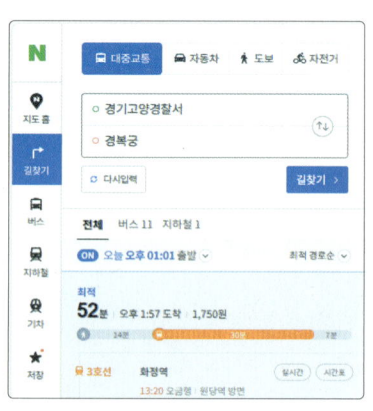

유사어 반대어 찾기
인공지능(AI)에게 잘 물어보기 위한 문해력 높이기

문제 깨끗하다와 같은 뜻을 가진 단어를 찾아보세요.

'깨끗하다'와 비슷한 말은 무엇일까요?

- ➕ 청결하다
- ➕ 더럽다
- ➕ 혼잡하다
- ➕ 지저분하다

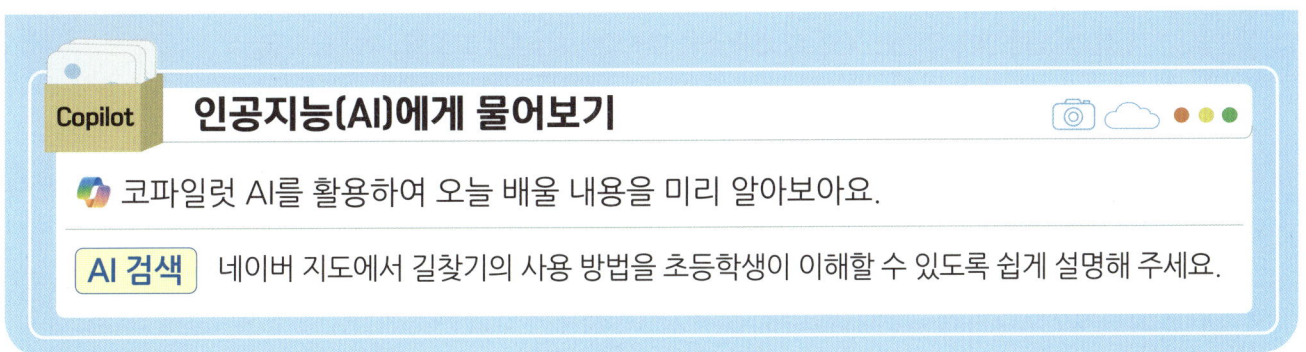

Copilot 인공지능(AI)에게 물어보기

코파일럿 AI를 활용하여 오늘 배울 내용을 미리 알아보아요.

AI 검색 네이버 지도에서 길찾기의 사용 방법을 초등학생이 이해할 수 있도록 쉽게 설명해 주세요.

1 인터넷 엣지에서 네이버 지도로 이동해요.

01 작업 표시줄의 [인터넷 엣지( )]를 클릭한 후 주소 입력란에 '네이버'를 입력하고 Enter 를 눌러요.

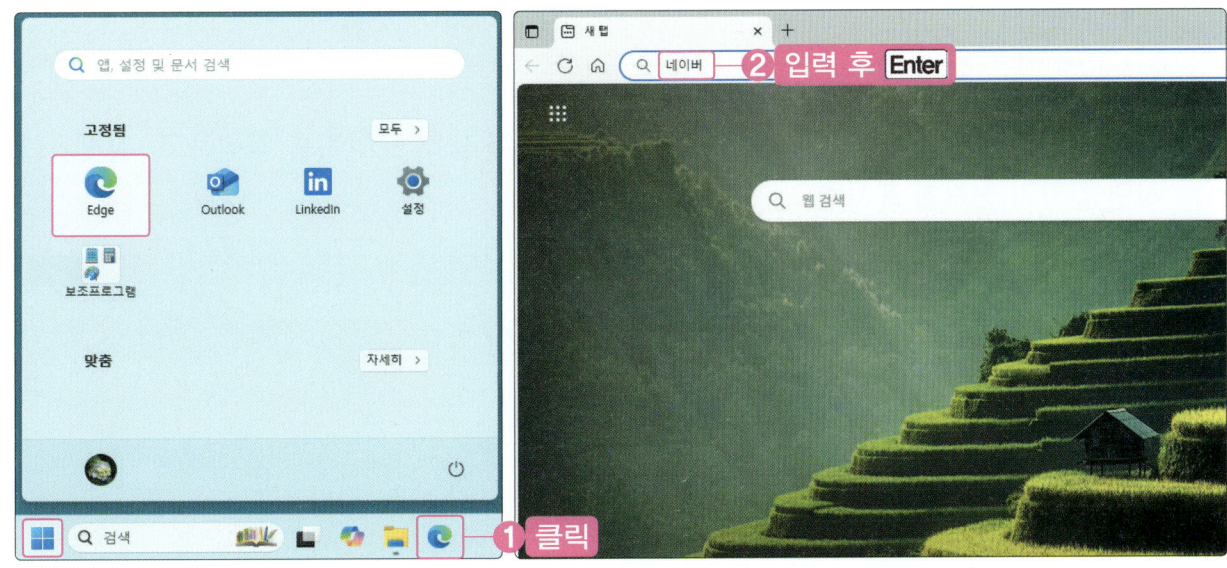

02 검색 결과에 [네이버]를 클릭 후 네이버 홈페이지에서 [지도]를 클릭해요.

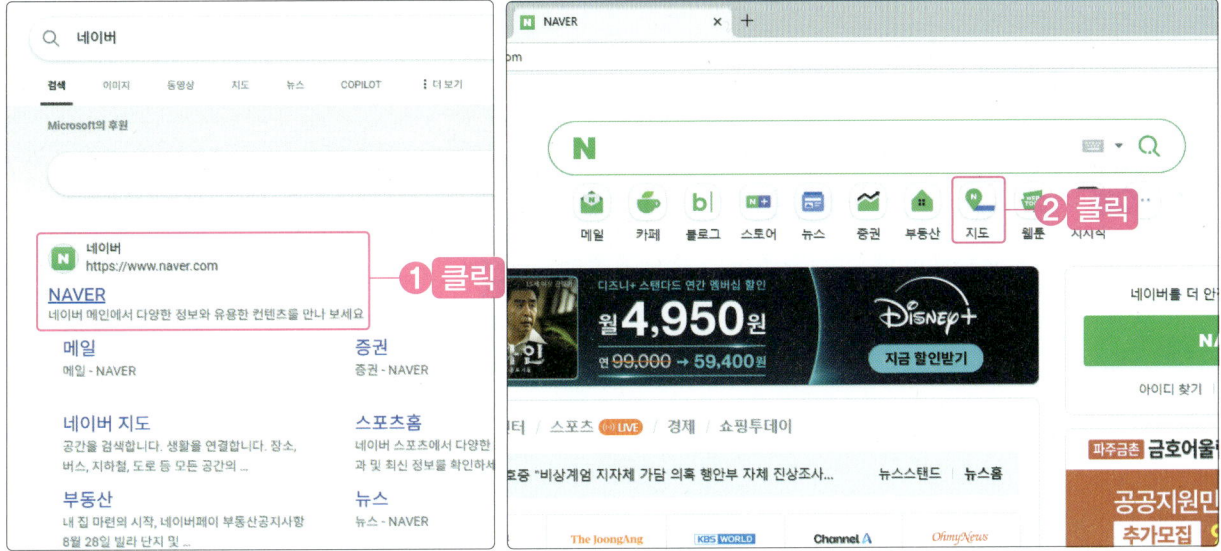

Lesson 15 · 인터넷 길찾기 알아보기 91

2 네이버 지도를 이용해서 가고 싶은 길을 찾아요.

01 [네이버 지도] 페이지에서 [길찾기]를 클릭한 후 출발지(고양경찰서)를 입력한 다음 Enter를 눌러 장소를 검색하고 [출발]을 클릭해요.

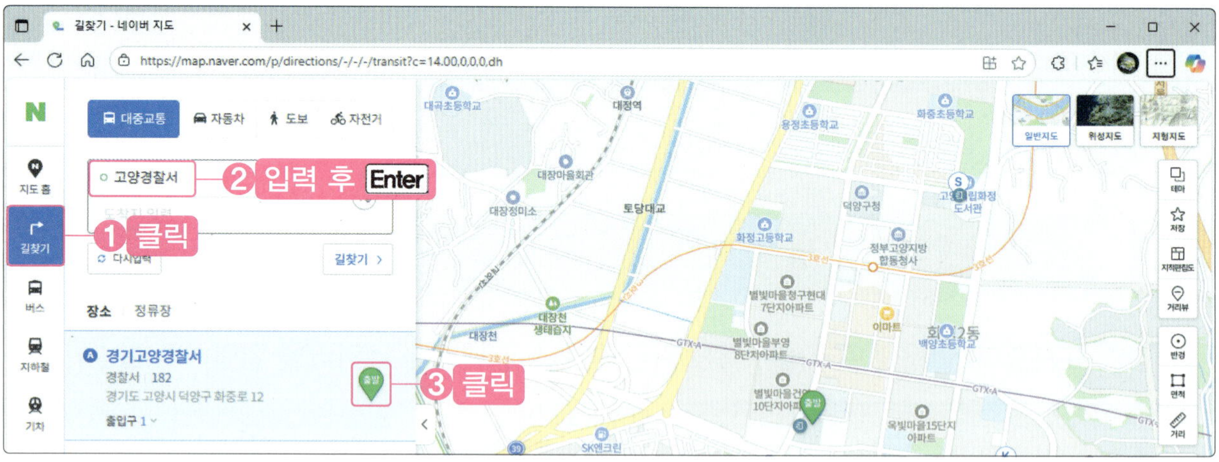

02 같은 방법으로 도착지(경복궁)를 입력한 후 Enter를 눌러 도착지를 검색하고 [길찾기]를 클릭하면 길찾기 정보를 표시해요.

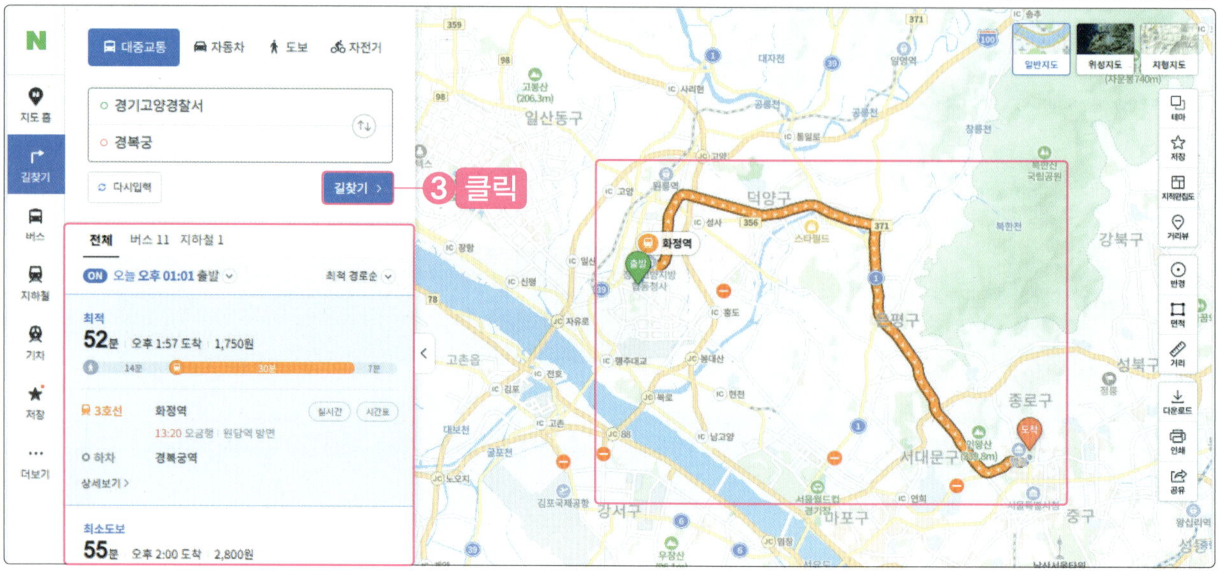

3 상세보기를 이용해서 걷는 길과 버스 정보를 찾아요.

01 길찾기의 전체 목록에서 버스 이동을 위해 [버스]를 클릭한 후 버스를 이용한 경로 목록에서 원하는 경로의 [상세보기]를 클릭해요.

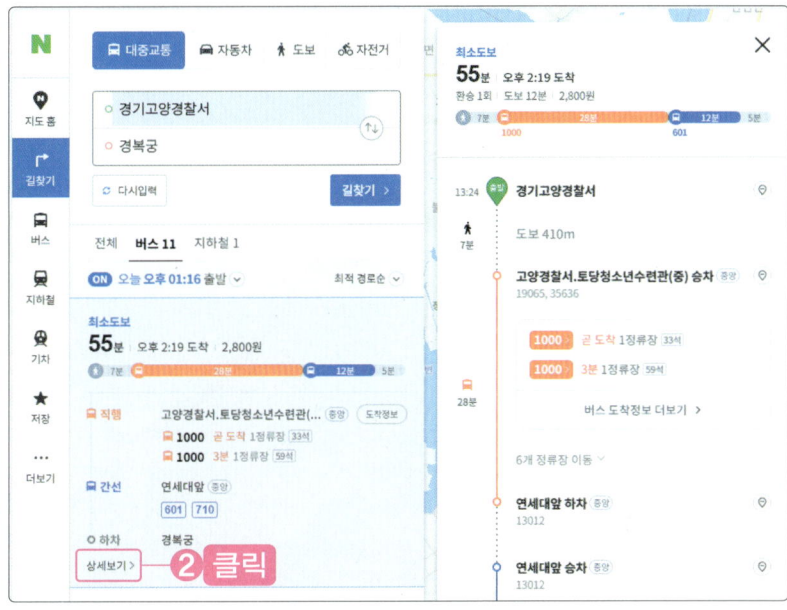

02 버스를 이용한 최적의 경로의 상세보기 화면이 표시돼요.
도보를 클릭하면 걸어서 이동 방법, 버스 번호를 클릭하면 현재 버스의 위치도 확인할 수 있어요.

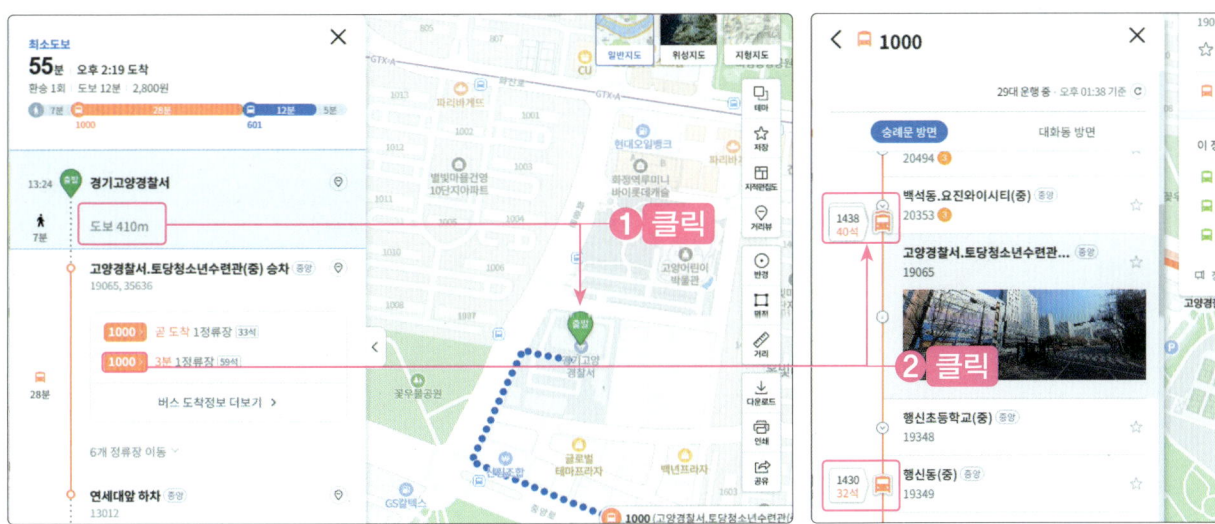

경로의 실제 거리를 확인하려면 어떻게 해야 할까요?

- 길찾기의 상세보기에서 거리뷰(◉)를 클릭하면 실제 거리를 확인할 수 있어요.

Lesson 15 • 인터넷 길찾기 알아보기   93

4 길찾기 경로를 이미지로 저장할 수 있어요.

01 네이버 지도에서 길찾기 경로를 크게 확대한 후 [다운로드]를 클릭해요.

02 다운로드가 이루어지면 화면 위쪽에 [다운로드(⬇)]-[폴더에 표시(📁)]를 클릭하면 저장된 파일의 경로를 확인할 수 있어요.

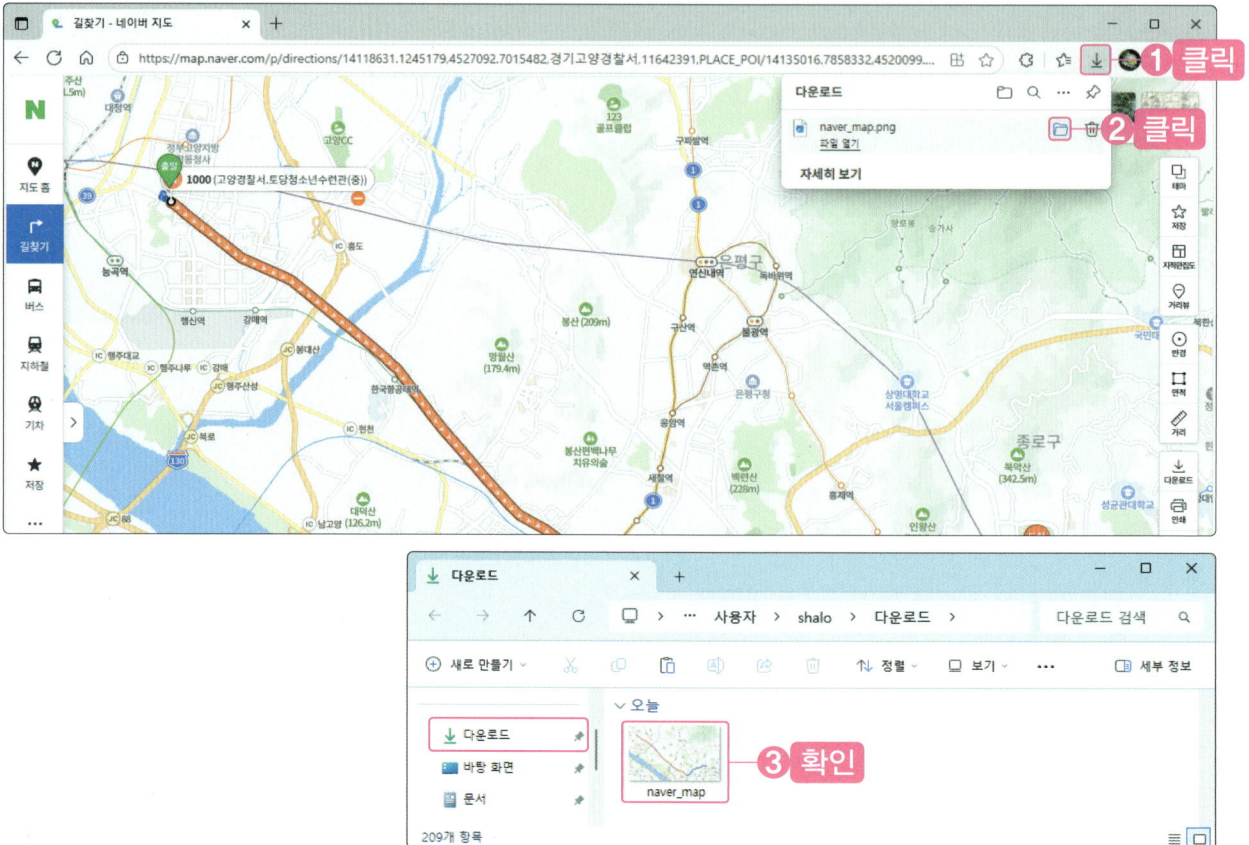

Copilot 인공지능(AI)으로 배우는 학습 업그레이드

코파일럿 AI를 활용하여 아래의 내용을 알아보아요.

AI 검색 네이버 지도에서 지하철 노선을 검색하는 방법을 초등학생이 이해할 수 있도록 설명해 주세요.

1 네이버 지도에서 집앞 버스 정거장의 현재 버스가 오는 시간을 검색해 보세요.

↳ [버스]를 클릭한 후 [버스정류장] 탭에서 정거장 이름 검색 또는 이미지에서 정거장을 클릭하여 선택해요.

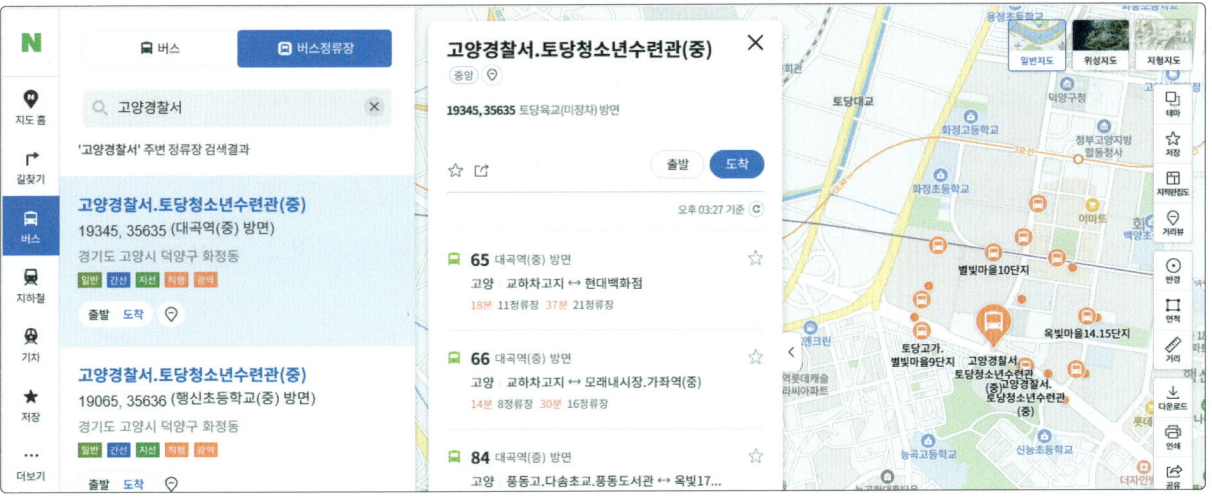

2 네이버 지도에서 지하철 노선을 검색해 보세요.

↳ [지하철]을 클릭한 후 출발역 및 도착역을 입력하고 [지하철 길찾기]를 클릭해요.

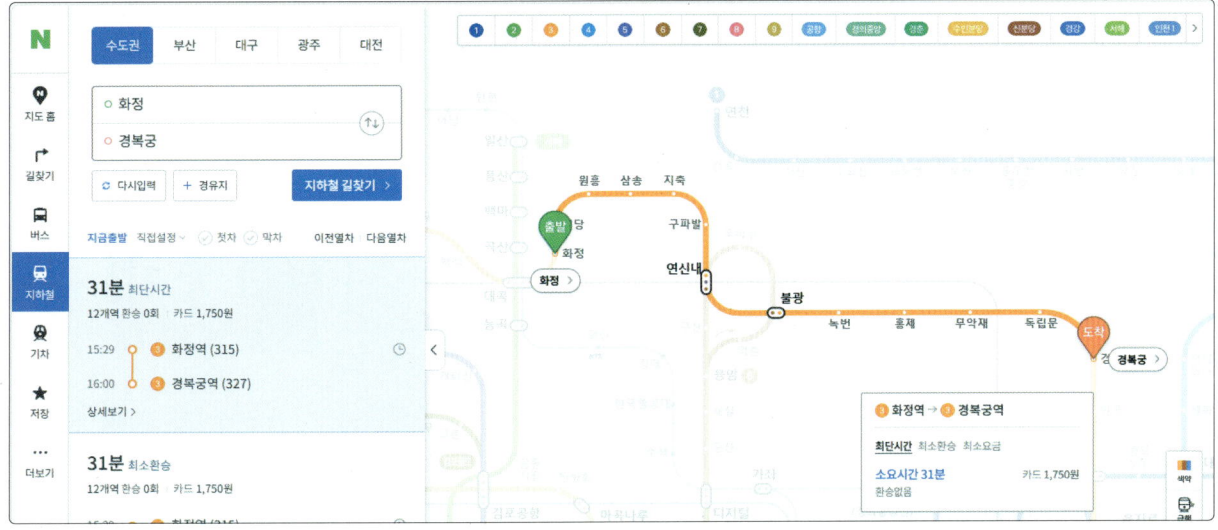

Lesson 15 • 인터넷 길찾기 알아보기　95

Lesson 16 캡처 도구 사용하기

배울 수 있어요!
- 캡처 도구의 사용 방법을 알 수 있어요.
- 캡처 이미지의 텍스트 저장 방법을 알 수 있어요.

캡처도구란 무엇인가요?

캡처도구는 윈도우 컴퓨터에서 화면을 사진처럼 찍는 프로그램이에요. 우리가 보고 있는 화면을 그대로 저장하거나 친구에게 보여줄 수 있어요.

캡처도구로 할 수 있는 일은 무엇인가요?

- **전체 화면 캡처** : 컴퓨터 화면 전체를 한 번에 찍을 수 있어요.
- **창 캡처** : 하나의 창만 골라서 찍을 수 있어요.
- **사각형 캡처** : 마우스로 네모 모양을 그려서 그 부분만 찍을 수 있어요.
- **자유형 캡처** : 마우스로 원하는 모양을 그려서 그 부분만 찍을 수 있어요.

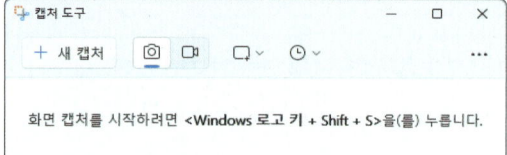

 **속담·관용구** 인공지능(AI)에게 잘 물어보기 위한 문해력 높이기

문제 누군가 남의 말을 너무 쉽게 믿는 걸 비유한 말이에요.

'귀가 얇다'의 뜻은 무엇일까요?

- 귀가 크다
- 쉽게 남의 말을 믿는다
- 귀가 잘 안들린다
- 귀가 예쁘다

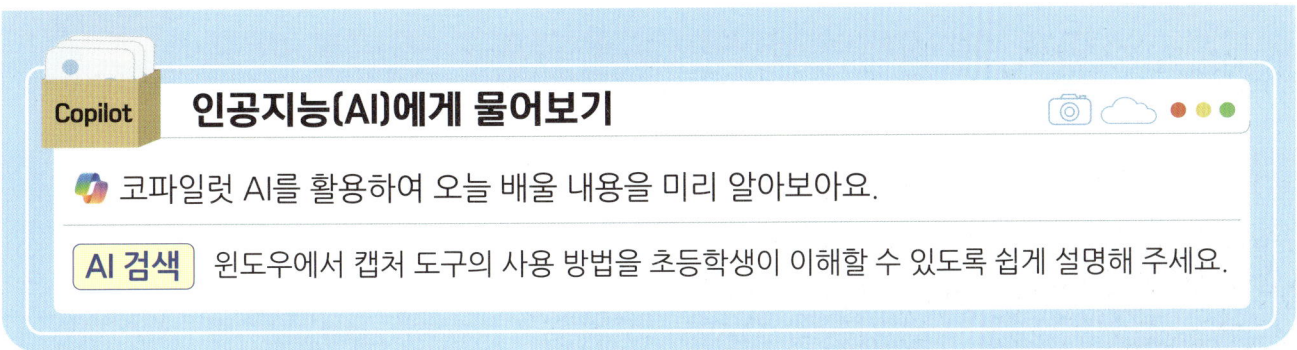

1 인터넷 엣지에서 스마트 쉼 센터로 이동해요.

01 작업 표시줄의 [인터넷 엣지()]를 클릭한 후 주소 입력란에 '스마트 쉼 센터'를 입력하고 Enter 를 눌러요.

02 검색 결과에 [스마트 쉼 센터]를 클릭하여 이동해요.

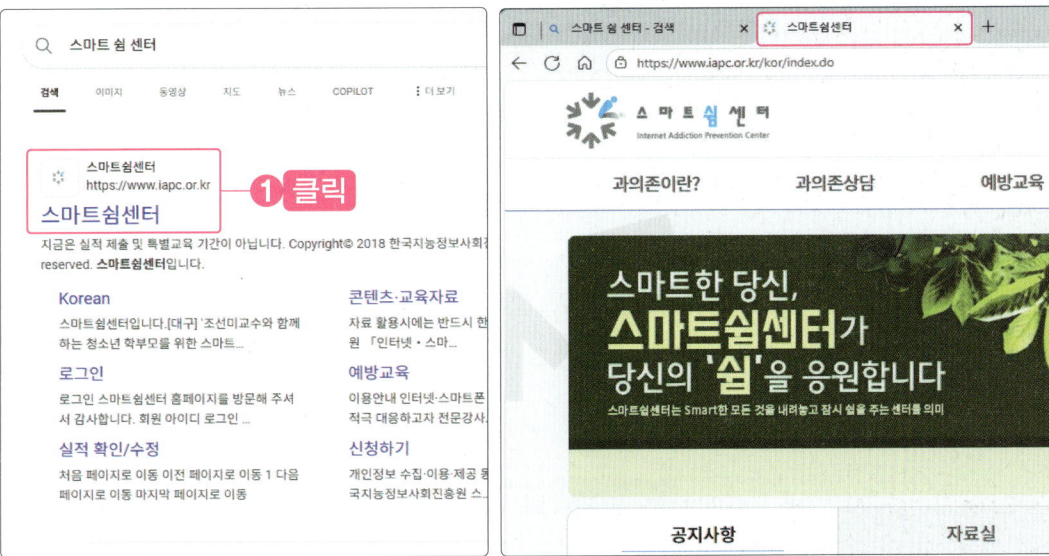

Lesson 16 • 캡처 도구 사용하기

2 스마트 쉼 센터에서 스마트폰 의존도 검사를 해요.

01 스마트 쉼 센터에서 [과의존 이란?]-[스마트폰 과의존 척도]-[유아동 대상]을 선택해요.

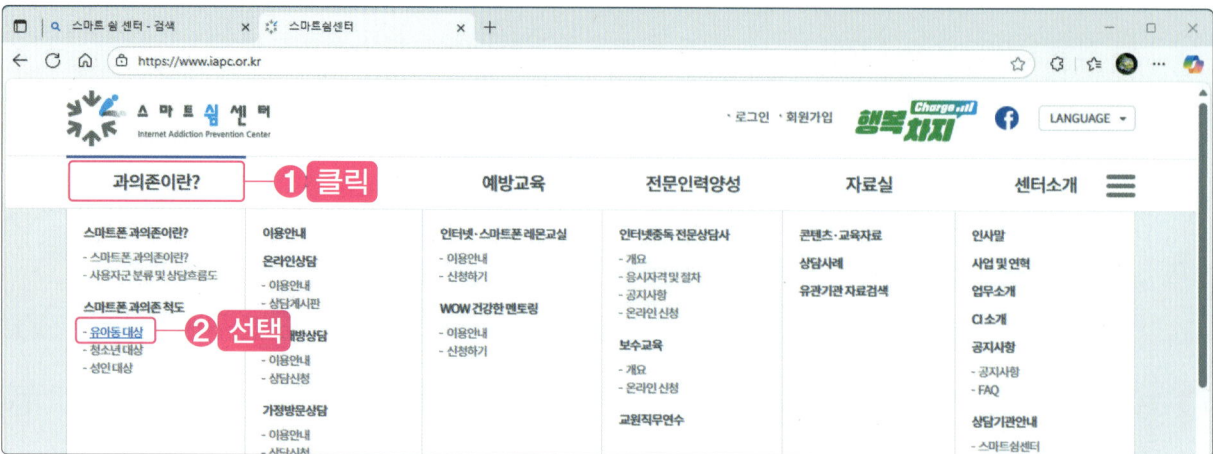

02 스마트폰 과의존 유아동 관찰자 척도 화면이 표시되면 성별, 나이, 거주지역 등과 검사 항목을 선택하고 [결과보기]를 클릭해요.

98

3 캡처 도구를 이용하여 특정 부분을 이미지로 캡처해요.

01 스마트폰 의존도 검사 결과가 표시되면 캡처를 위해 키보드의 ⊞+Shift+S를 눌러요.
마우스 포인터 모양이 + 모양일 때 그림처럼 드래그하여 결과의 일부분을 캡처해요.

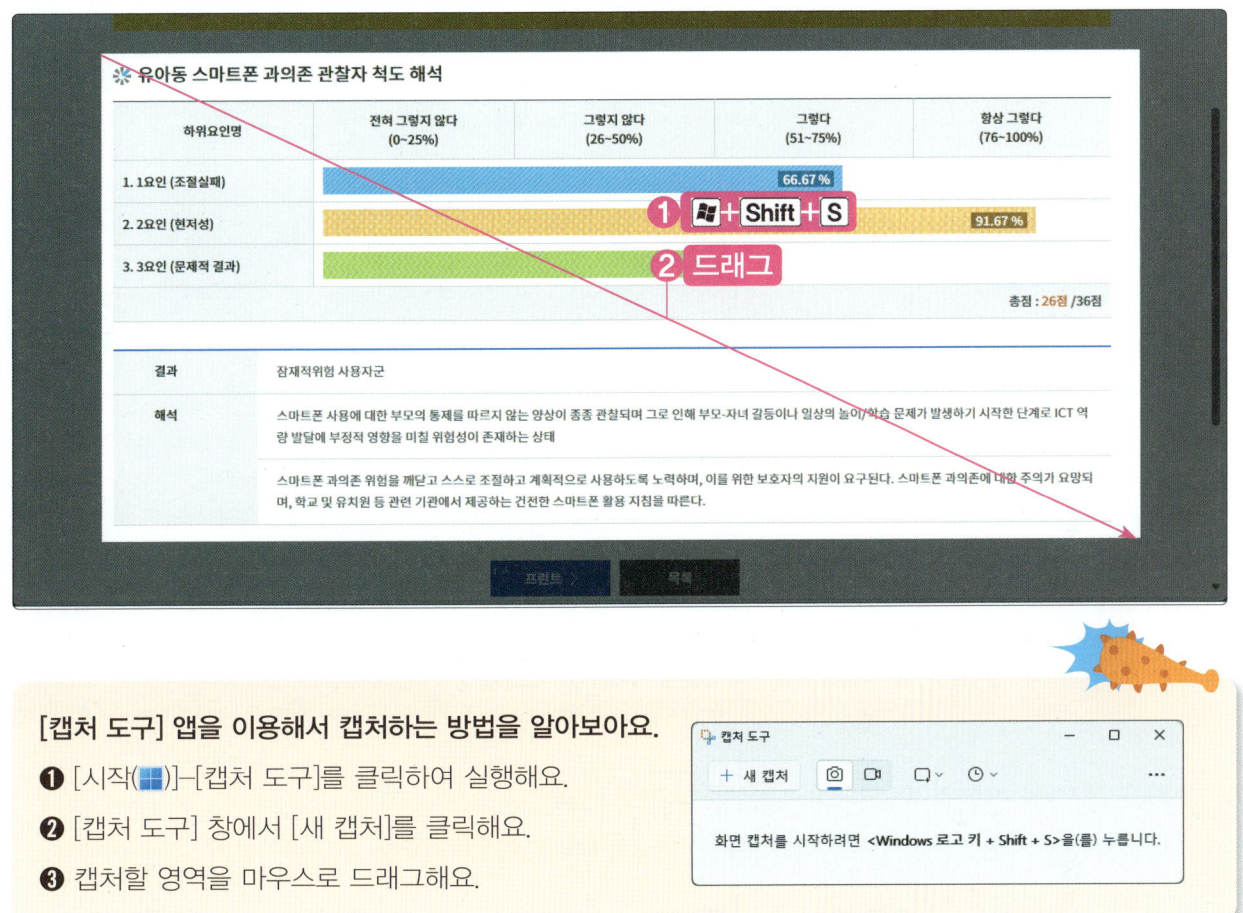

> [캡처 도구] 앱을 이용해서 캡처하는 방법을 알아보아요.
> ❶ [시작(⊞)]–[캡처 도구]를 클릭하여 실행해요.
> ❷ [캡처 도구] 창에서 [새 캡처]를 클릭해요.
> ❸ 캡처할 영역을 마우스로 드래그해요.

02 [캡처 도구] 창에 캡처된 이미지가 표시되면 [저장(💾)]을 클릭해요.
[다른 이름으로 저장] 대화상자에서 저장 위치와 파일 이름을 입력하고 [저장]을 클릭하여 저장해요.

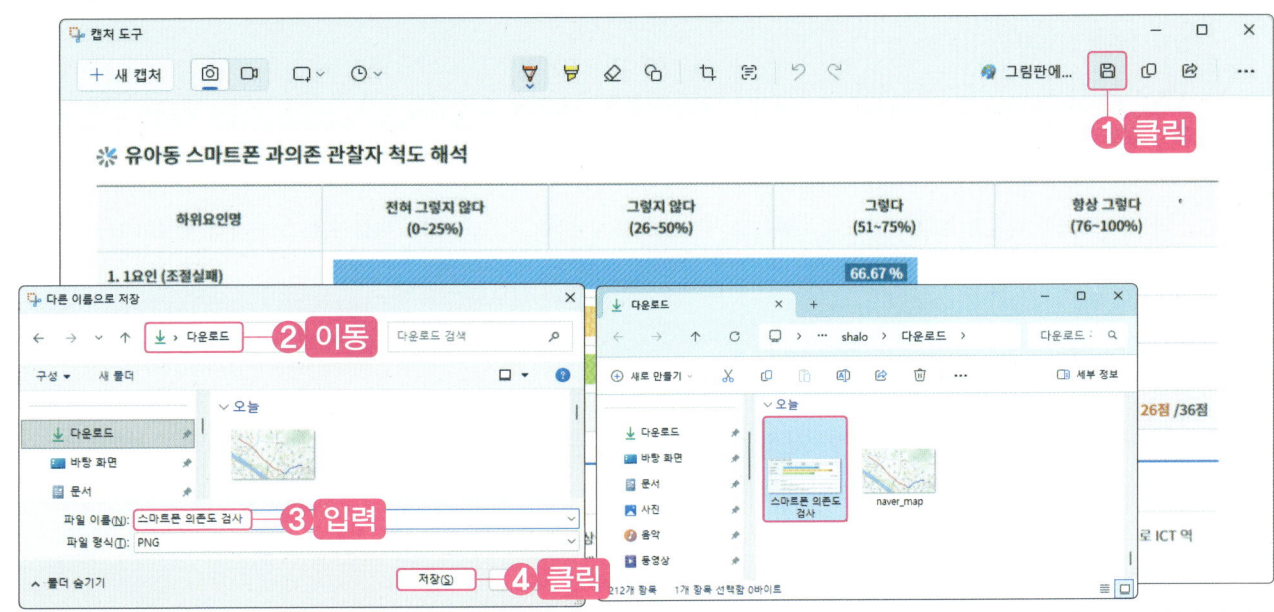

Lesson 16 • 캡처 도구 사용하기 99

4 캡처 이미지에서 글자를 텍스트 형식으로 저장해요.

01 이미지에서 특정 영역을 텍스트로 저장하기 위해 [텍스트 작업(☰)]을 클릭한 후 복사 영역을 드래그한 다음 [복사(🗐)]을 클릭해요.

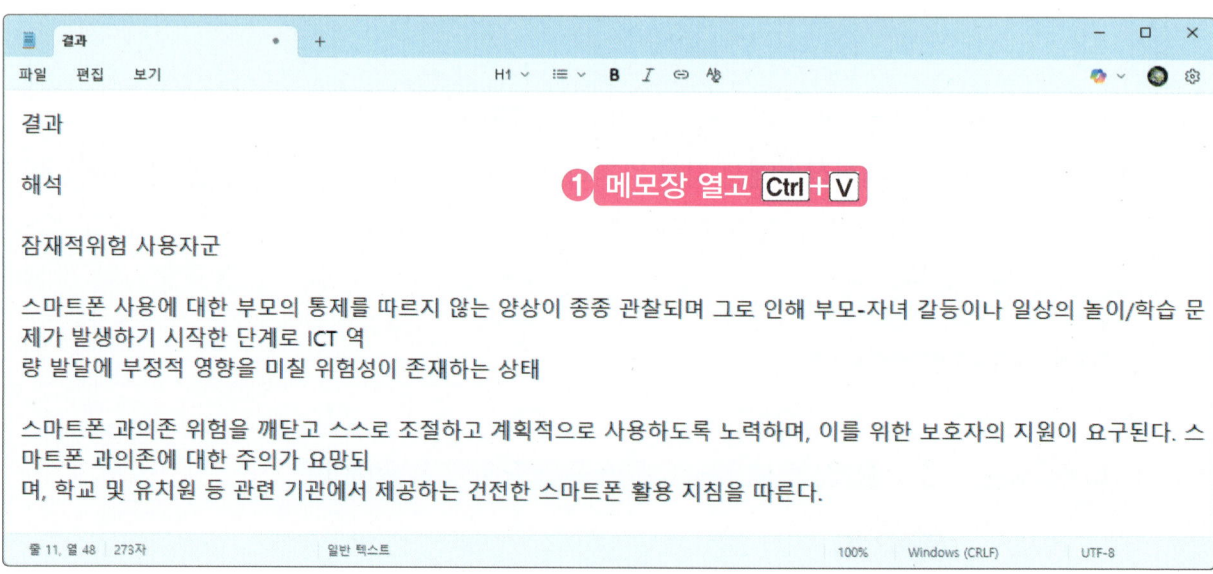

02 메모장 앱을 실행한 후 복사한 내용을 붙여넣어요.

> [시작(⊞)]-[메모장]을 클릭한 후 [메모장] 창에서 키보드의 Ctrl + V를 눌러 붙여넣기

03 [파일]-[저장] 메뉴를 클릭한 후 저장 위치(다운로드)와 파일 이름(스마트폰 의존도 결과)을 입력하여 저장해요.

인공지능(AI)으로 배우는 학습 업그레이드

코파일럿 AI를 활용하여 아래의 내용을 알아보아요.

AI 검색 인터넷 엣지에서 이미지를 검색하고 저장하는 방법을 초등학생이 이해할 수 있도록 설명해 주세요.

1 인터넷 엣지에서 강아지 사진을 검색한 후 강아지 사진을 저장해 보아요.

✎ 인터넷 엣지의 주소 표시줄에 '강아지 사진'을 입력한 후 Enter를 눌러 검색 ▶ 원하는 사진을 선택 ▶ 사진에서 바로 가기 메뉴의 [다른 이름으로 사진 저장]을 클릭 ▶ 저장 위치와 파일 이름을 입력하여 저장

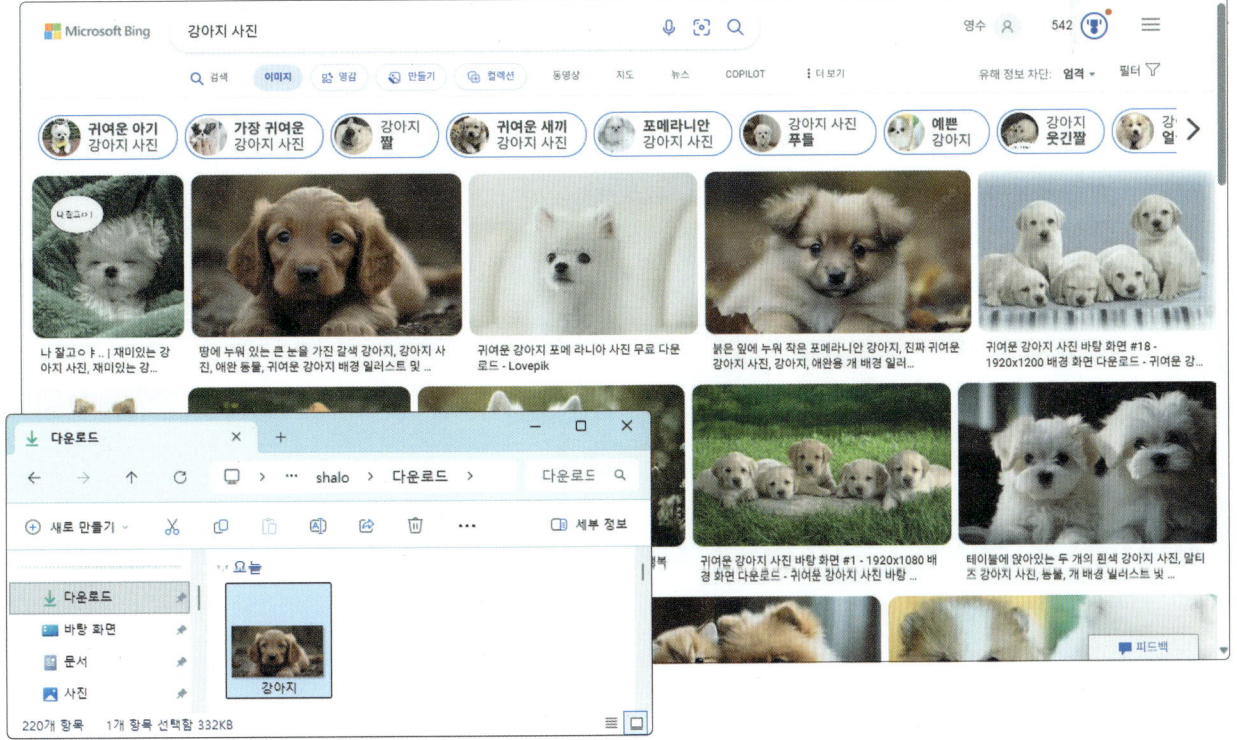

2 인터넷에 있는 내용 중 필요한 부분을 이미지 또는 텍스트 형식으로 저장할 수 있도록 도와주는 보조프로그램은 무엇일까요?

❶ 서식 도구　　❷ 캡처 도구　　❸ 캡틴 도구　　❹ 수식 도구

Lesson 16 • 캡처 도구 사용하기

Lesson 17 인공지능(AI) 알아보기

- 인공지능(AI)에 대해 알 수 있어요.
- 뤼튼의 대화 방법을 알 수 있어요.

인공지능이란 무엇인가요?

인공지능은 사람처럼 생각하고 행동하려고 만든 컴퓨터 프로그램이에요. 사람이 눈으로 보고, 귀로 듣고, 머리로 생각해서 행동하듯이 인공지능(AI)도 비슷하게 배우고 판단하고 문제를 해결할 수 있어요.

인공지능은 어떤 곳에 사용 하나요?

- **스마트폰** : 얼굴을 인식하고 음성으로 말하면 알아들어요.
- **게임** : 컴퓨터 캐릭터가 똑똑하게 움직여요.
- **자동차** : 스스로 운전하는 자율주행차가 있어요.
- **로봇** : 사람처럼 말하고 움직이는 로봇이 있어요.

오후 1:47 년 누구니?

🟡 뤼튼

안녕! 나는 너의 귀여운 AI 친구, 뤼튼이야! 👋

궁금한 게 있으면 척척 알려주고, 반짝이는 아이디어도 마구마구 내주고, 심지어 재미있는 글도 대신 써주는 너의 만능 비서 같은 존재라고 할 수 있지! 언제든지 네 옆에서 뿅 하고 나타나서 도와줄 준비가 되어있단 말씀! 😊

뜻 맞히기 — 인공지능(AI)에게 잘 물어보기 위한 문해력 높이기

문제 방에 먼지나 냄새가 없이 편하고 답답하지 않다는 의미를 생각해 보세요.

새로 이사 간 집은 아주 쾌적하다.
이 때, '쾌적하다'의 뜻은 무엇일까요?

- 지저분하다
- 깨끗하고 시원하다
- 불편하다
- 어둡다

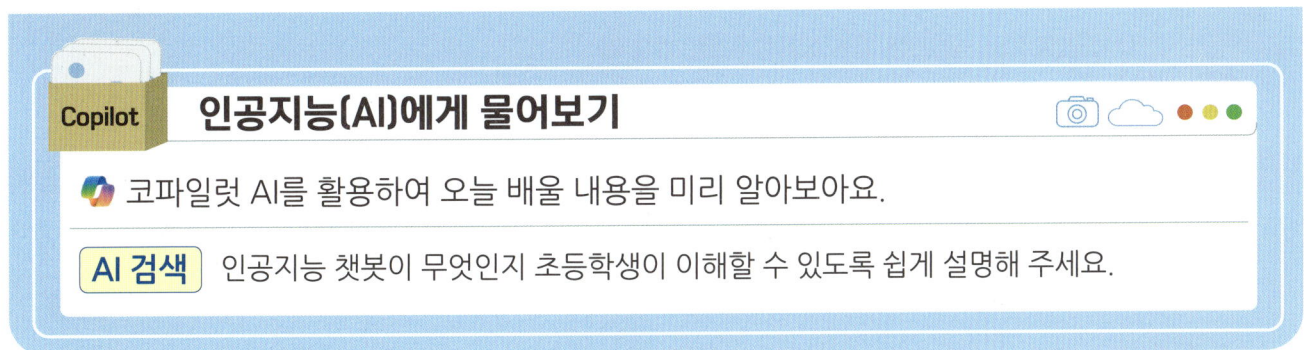

인공지능(AI)에게 물어보기

코파일럿 AI를 활용하여 오늘 배울 내용을 미리 알아보아요.

AI 검색 인공지능 챗봇이 무엇인지 초등학생이 이해할 수 있도록 쉽게 설명해 주세요.

1 인공지능 뤼튼을 실행해요.

01 작업 표시줄의 [인터넷 엣지()]를 클릭한 후 주소 입력란에 '뤼튼'을 입력하고 Enter 를 눌러요.

02 검색 결과에 [Wrtn - 뤼튼]을 클릭하여 이동해요.

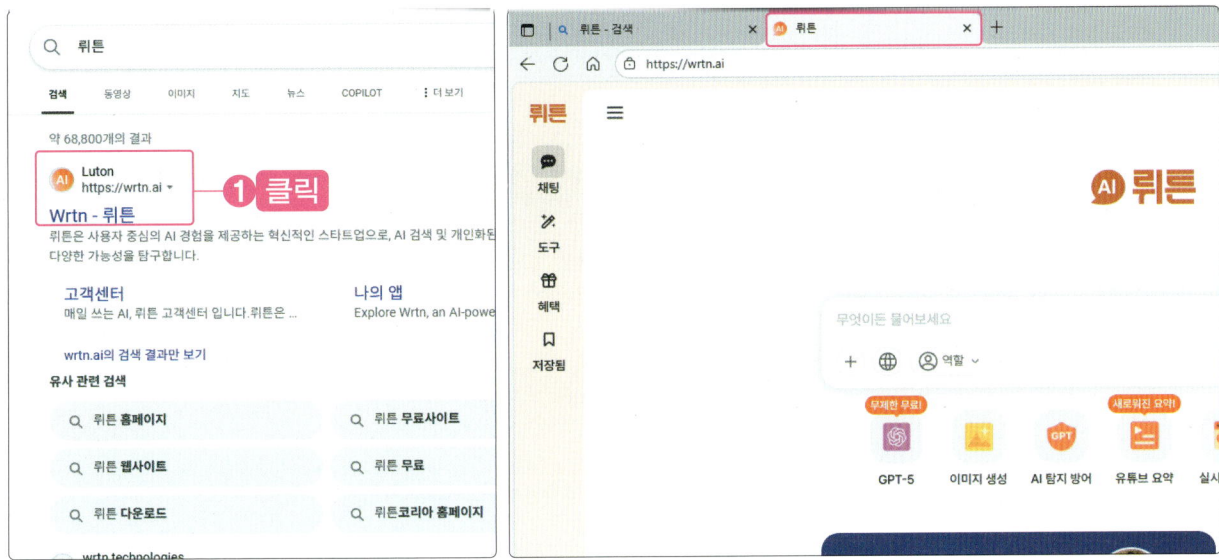

Lesson 17 • 인공지능(AI) 알아보기 103

인공지능 뤼튼과 대화를 해요.

01 뤼튼이라는 대화 로봇인 챗봇과 대화를 나누어요. 먼저, 텍스트 입력란에 '넌 누구니?'라고 입력하고 키보드의 Enter 를 눌러요.

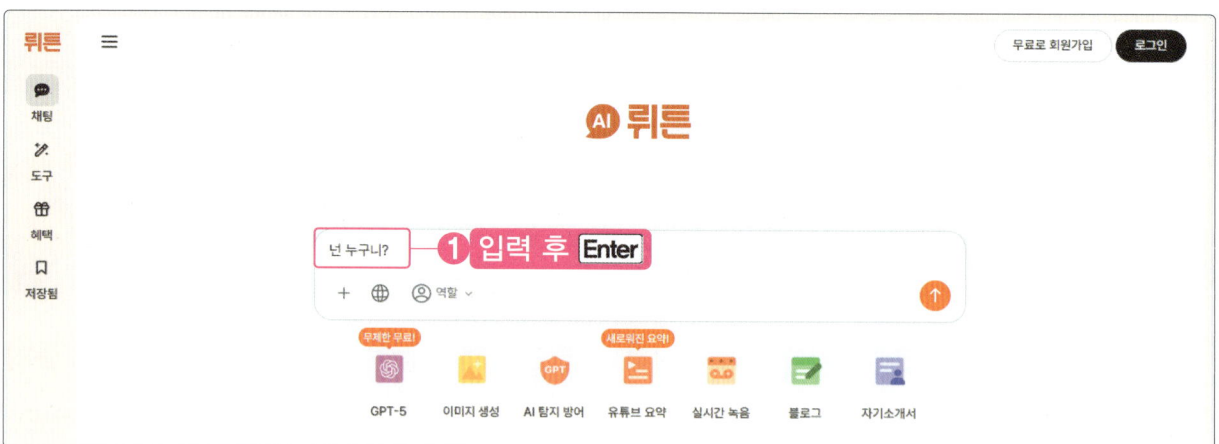

02 뤼튼 챗봇이 답변한 내용을 확인해요.

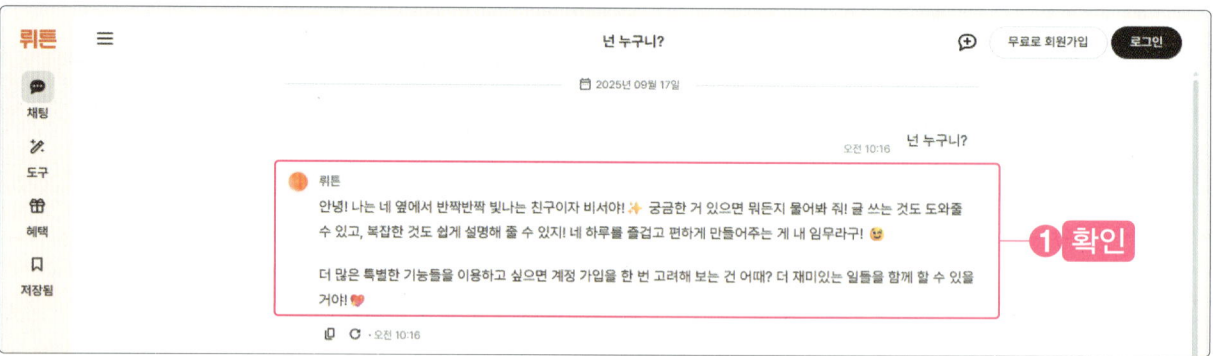

03 같은 방법으로 궁금한 내용을 입력하고 뤼튼의 답변을 확인해요.

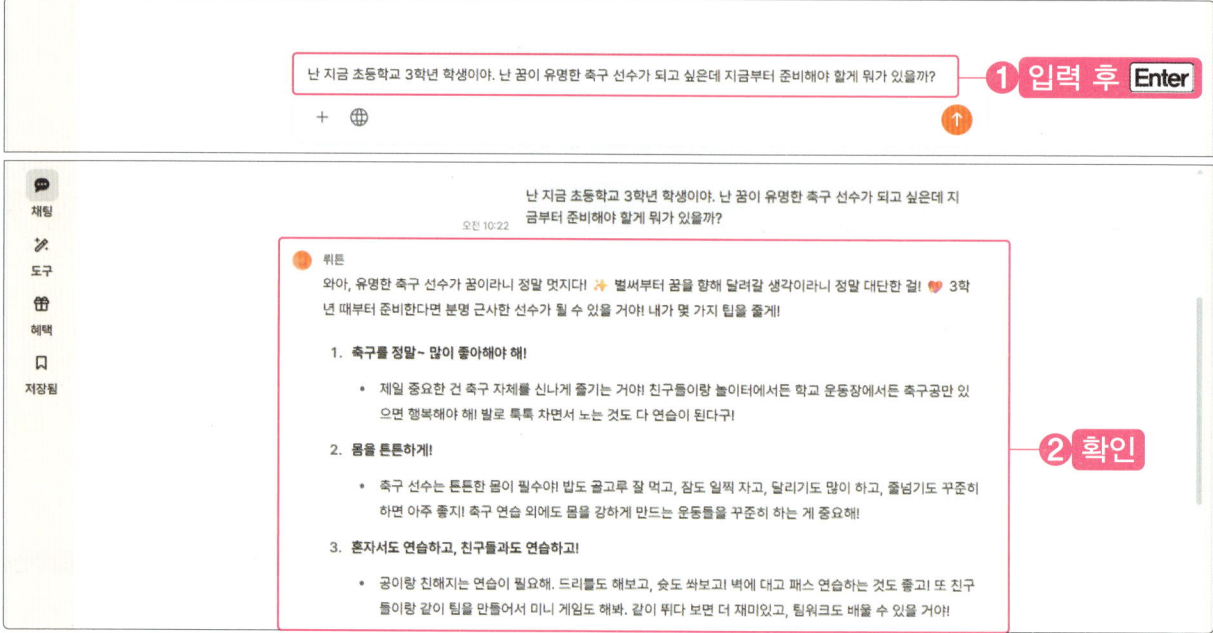

3 구글의 제미나이와 대화를 해요.

01 인터넷에서 '구글 제미나이'를 입력하고 Enter 를 눌러 구글 제미나이를 검색한 후 클릭해요.

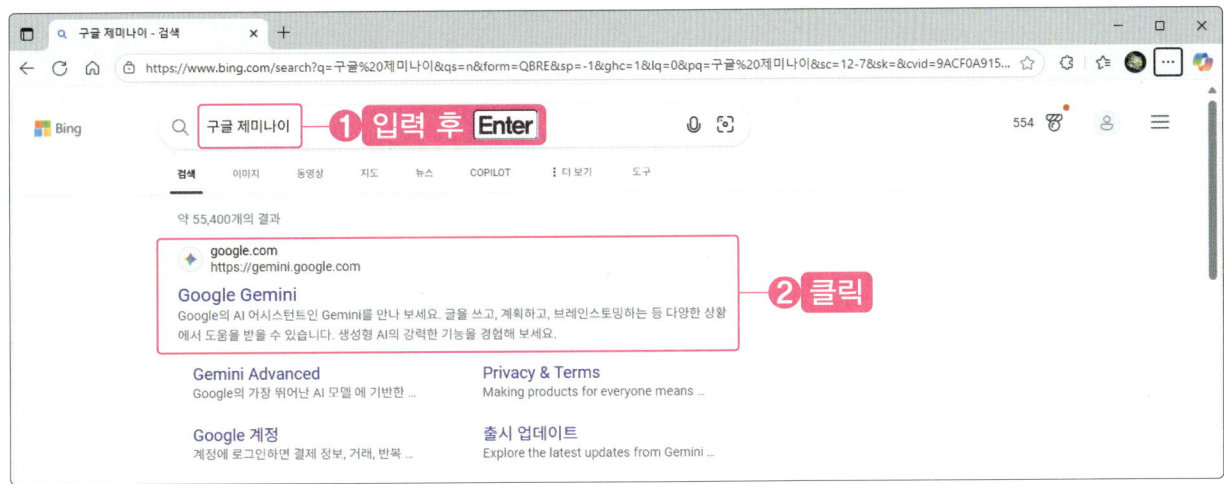

02 구글 제미나이 챗봇 화면이 표시되면 궁금한 내용을 입력하고 답변을 받아보아요.
먼저, '안녕, 나는 초등학교 3학년이고 이름은 OO이야. 난 너에 대해 궁금한 것이 많아. 소개 좀 해줄래?'를 입력하고 키보드의 Enter 를 눌러요.

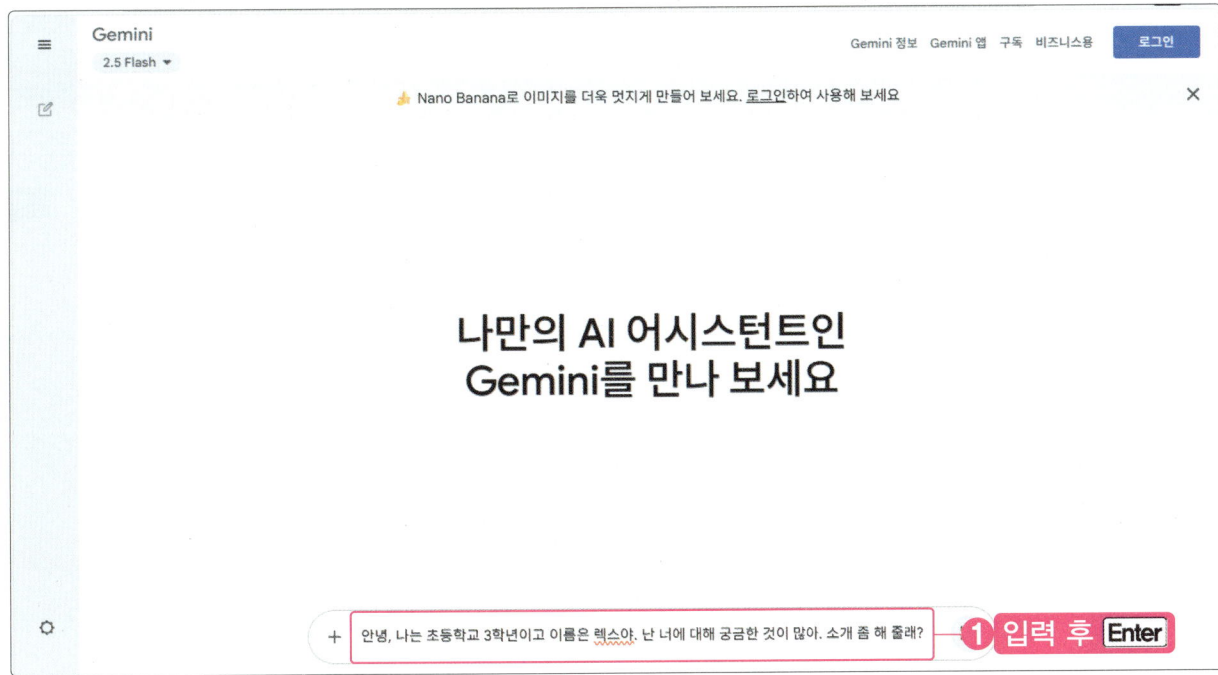

인공지능 챗봇과 대화를 통해 얻을 수 있는 장점은 무엇이 있을까요?
- 궁금증 해결 : '왜 하늘은 파란색일까?' 같은 궁금증을 백과사전이나 검색보다 더 빠르고 쉽게 설명해줘요.
- 말하기와 표현력 연습 : AI와 대화하면서 자연스럽게 말하는 연습을 할 수 있어요.
- 자기주도 학습 : AI와 공부하면서 스스로 질문하고 답을 찾는 습관이 생겨요.

03 제미나이 챗봇이 답변한 내용을 확인해요.

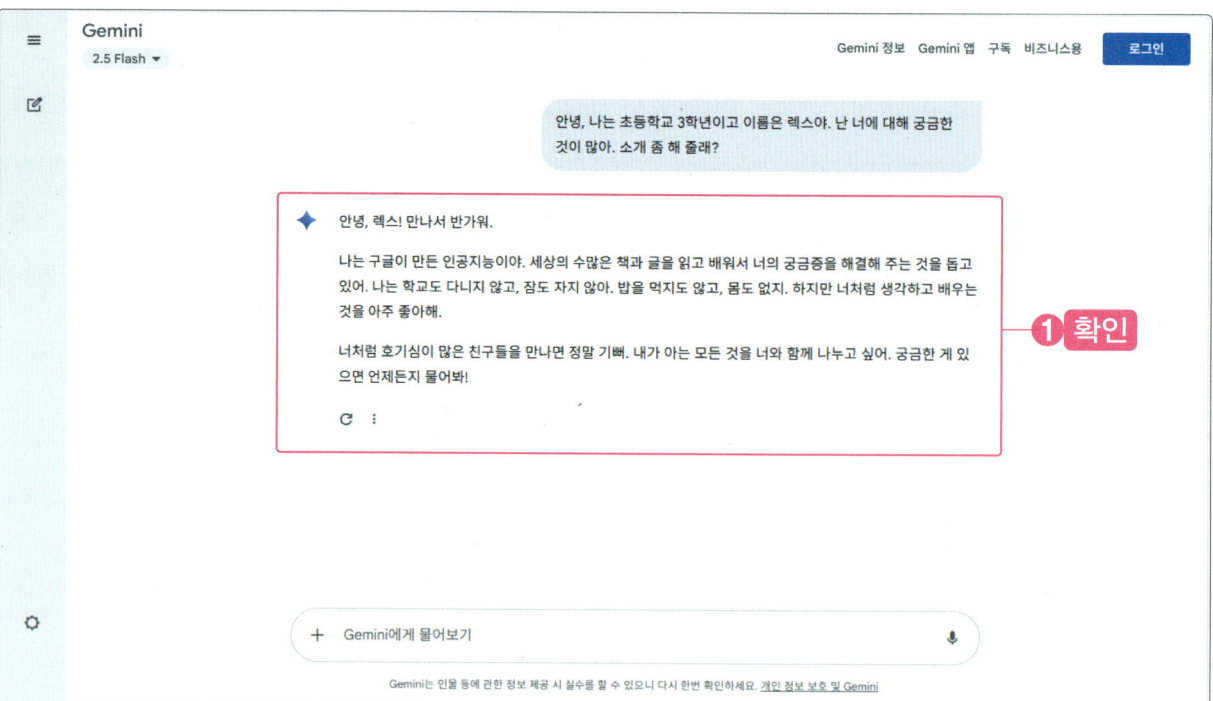

04 같은 방법으로 질문할 내용을 입력하고 키보드의 Enter 를 눌러 제미나이 챗봇의 답변을 확인해요.

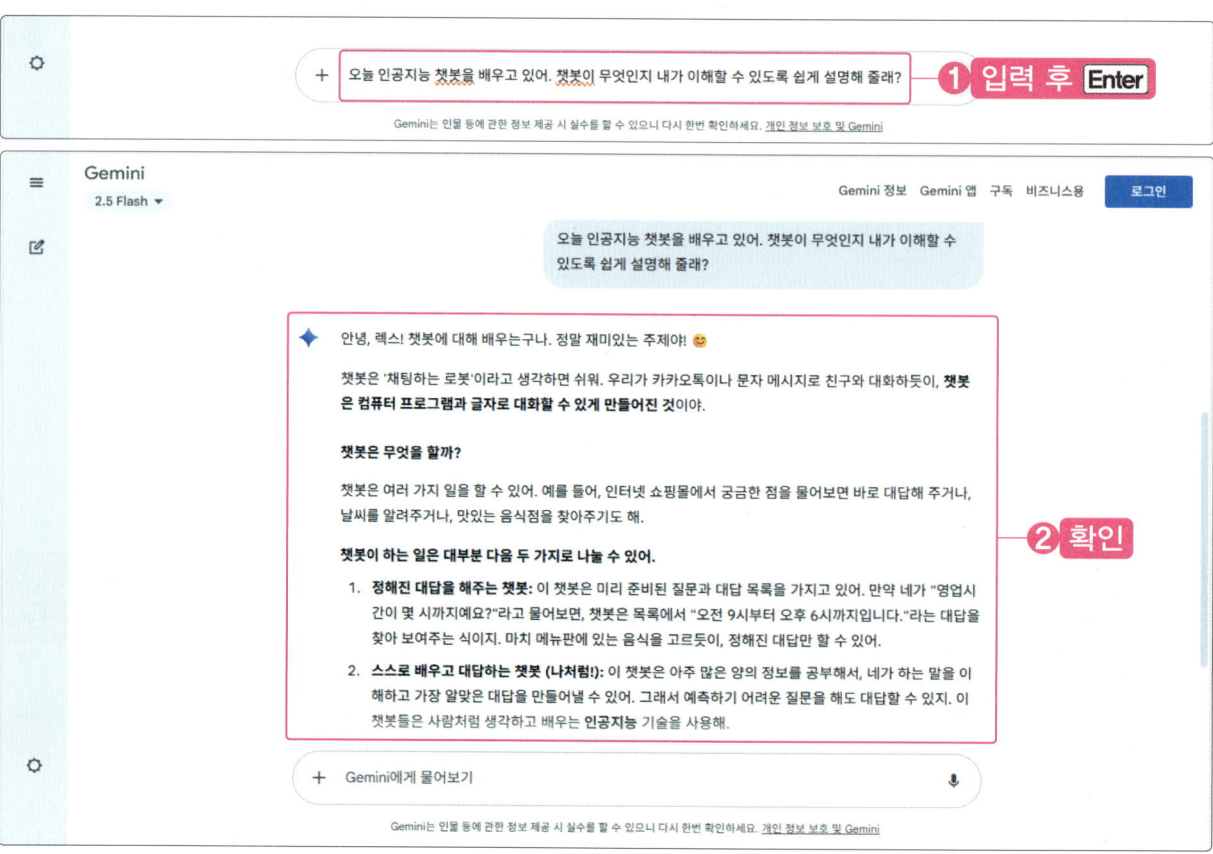

Copilot 인공지능(AI)으로 배우는 학습 업그레이드

코파일럿 AI를 활용하여 아래의 내용을 알아보아요.

AI 검색 뤼튼(Wrtn)에서 이미지를 검색하는 방법을 초등학생이 이해할 수 있도록 설명해 주세요.

❶ 뤼튼(Wrtn) 챗봇을 통해 아래 질문을 참고해서 자신이 원하는 내용을 물어 보아요.

🔍 검색 예 : 강아지의 종류와 특징을 검색해 보세요.

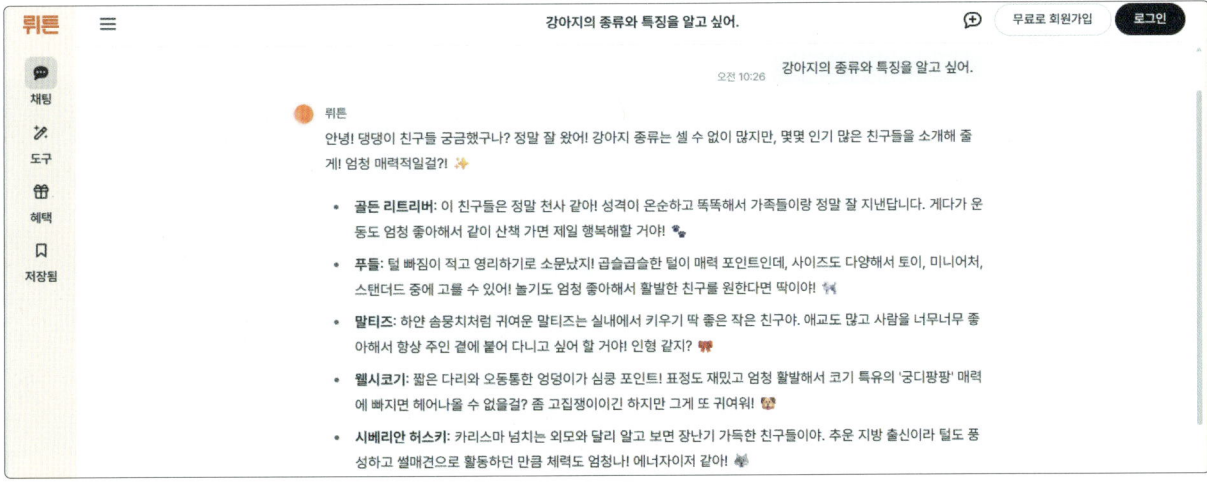

❷ 도구(✏️)를 이용하여 아래 질문을 참고해서 이미지를 만들어 보아요.

🔍 검색 예 : 우주를 여행하는 강아지를 그려줘

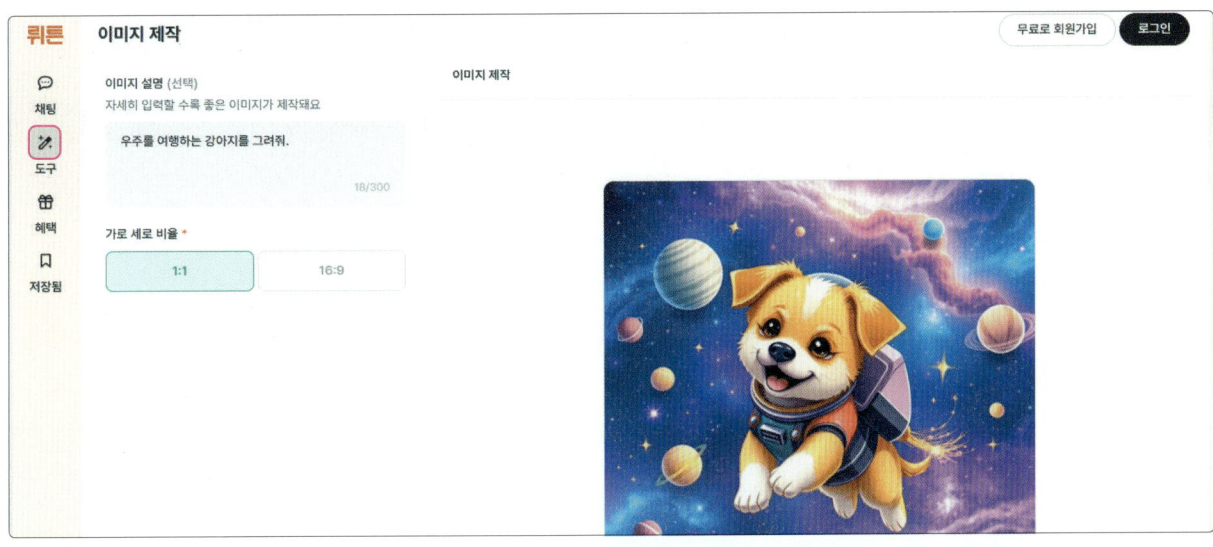

Lesson 17 · 인공지능(AI) 알아보기

Lesson 18 AI 머신러닝 알아보기

- 머신러닝에 대해 알 수 있어요.
- 인공지능의 학습 방법을 알 수 있어요.

머신러닝이란 무엇인가요?

머신러닝은 인공지능의 똑똑한 컴퓨터가 스스로 배우는 방법을 말해요. 사람이 '이건 사과야' 하고 몇 번 알려주면 컴퓨터가 나중엔 혼자서 사과를 알아보고 물어볼 때 알려주죠. 이렇듯 학교에서 공부하는 것처럼 컴퓨터도 데이터를 보고 배우는 것을 말해요.

문맥 속 단어고르기 — 인공지능(AI)에게 잘 물어보기 위한 문해력 높이기

문제 넘어졌지만 용기를 내면 어떻게 일어설까요?

길을 걷다가 넘어졌지만 그는 _____ 일어섰다.
밑줄에 들어갈 단어로 옳은 것은 무엇일까요?

- 우울하게
- 씩씩하게
- 느릿하게
- 힘없이

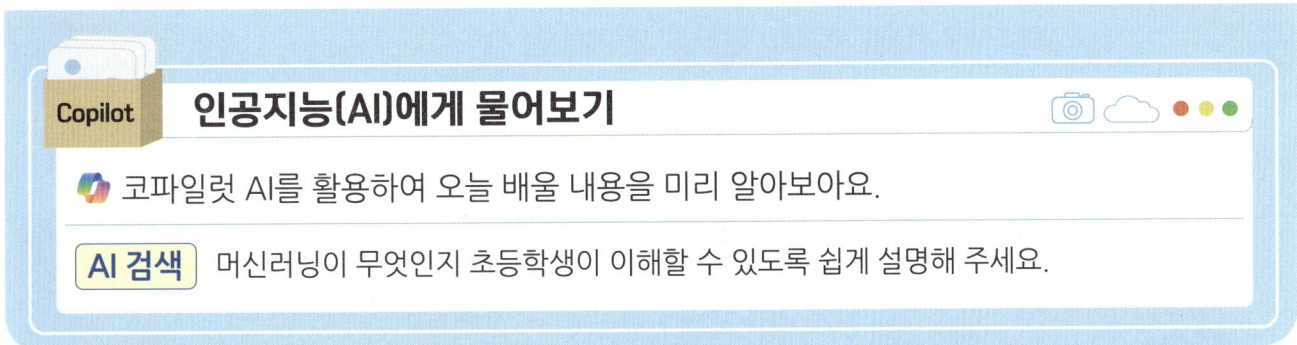

Copilot 인공지능(AI)에게 물어보기

코파일럿 AI를 활용하여 오늘 배울 내용을 미리 알아보아요.

AI 검색 머신러닝이 무엇인지 초등학생이 이해할 수 있도록 쉽게 설명해 주세요.

1 인공지능(AI)의 학습 사이트로 이동해요.

01 인터넷에서 '바다 환경을 위한 ai 머신러닝'을 검색한 후 [AI for Oceans - Code.org]를 클릭해요.

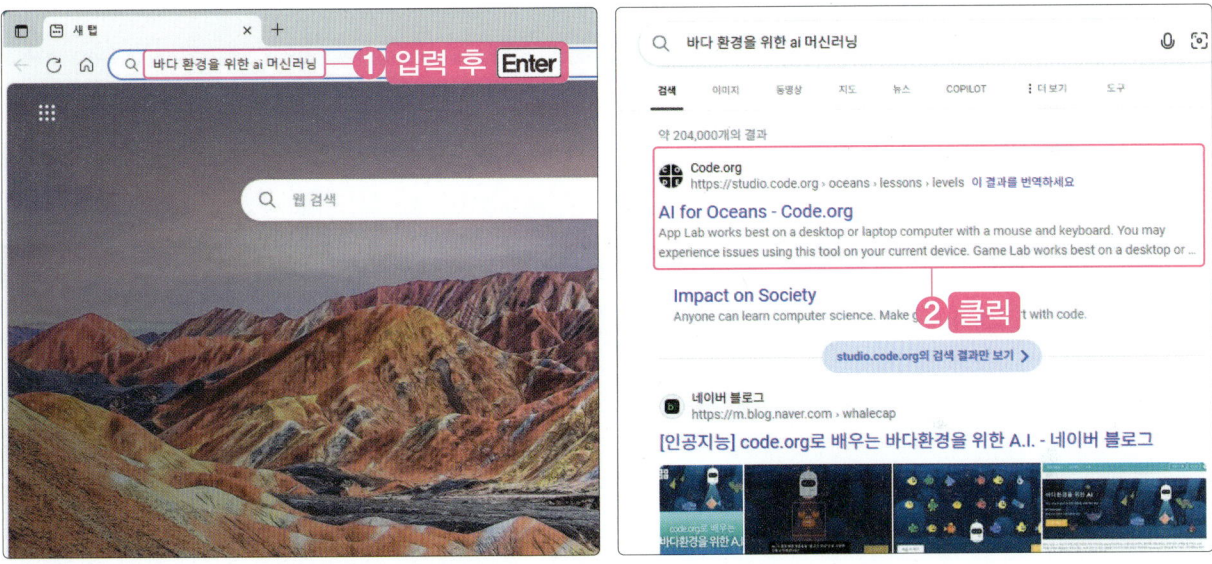

02 사용 언어(한국어)를 수정한 후 [계속하기]를 클릭해요.

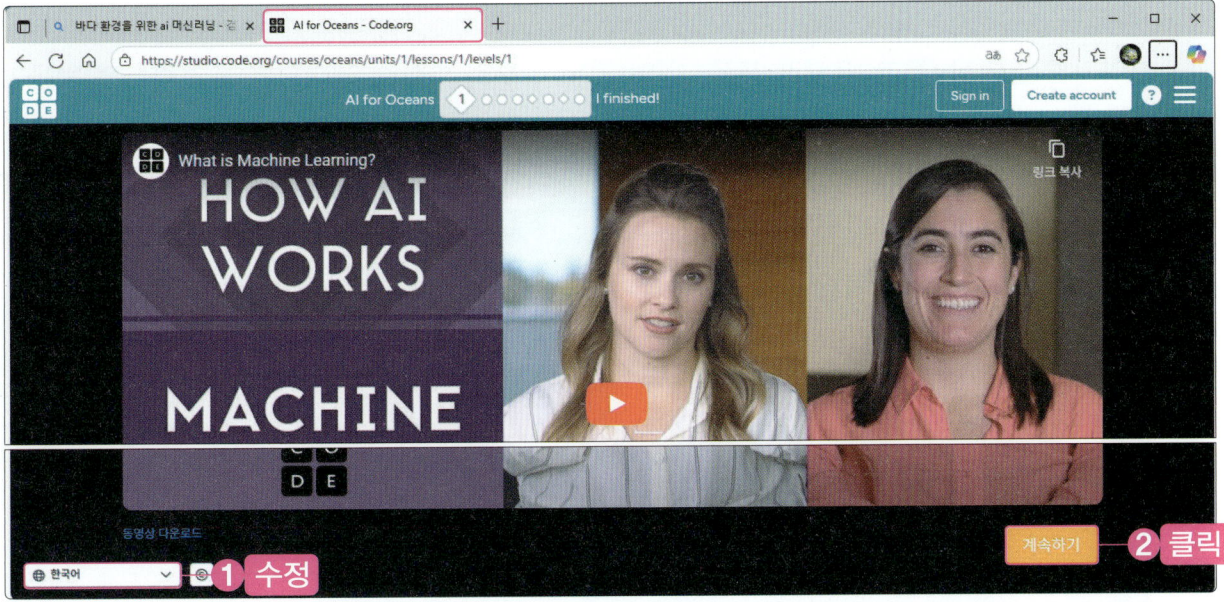

Lesson 18 • AI 머신러닝 알아보기   109

2 인공지능(AI)의 학습 방법을 배워요.

01 물고기와 바다에 버리는 쓰레기를 구분하기 위한 인공지능 설명을 읽고 마우스를 클릭해요.

02 물고기와 해양 쓰레기의 구분으로 인공지능을 학습시키기 위한 설명을 읽어 보면서 마우스를 클릭하여 다음 단계로 이동해요.

03 이미지를 보면서 [물고기] 또는 [물고기 아님]을 구분하여 학습 데이터를 누적하는 방법을 배우고 [계속]을 클릭해요.

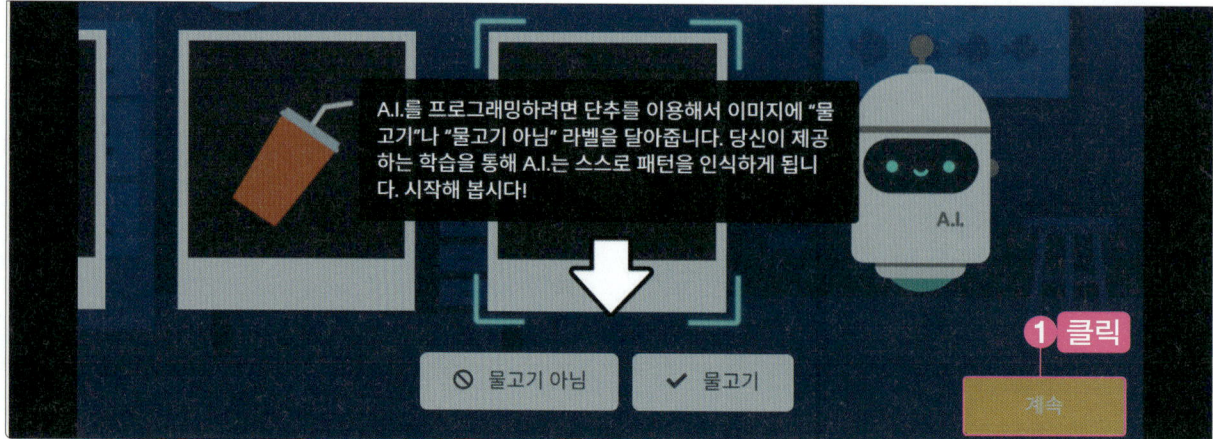

3 인공지능(AI)을 학습시켜요.

01 화면에 표시되는 그림을 보고 물고기와 물고기 아님을 구분하면서 인공지능을 학습시켜요.

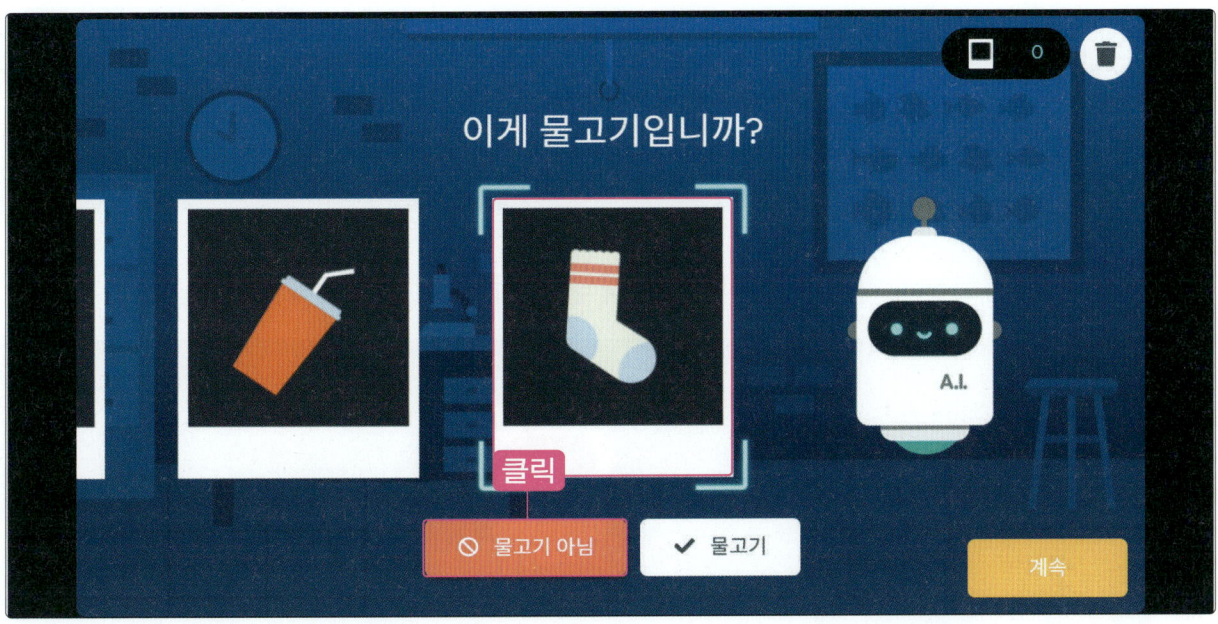

02 같은 방법으로 물고기와 물고기 아님을 클릭하면서 학습 데이터를 누적시켜요.

> 인공지능(AI)은 학습 데이터가 많이 누적될 수록 정확한 내용을 알려줘요.
> 잘못된 학습 데이터가 누적되면 잘못된 결과를 알려줘요.

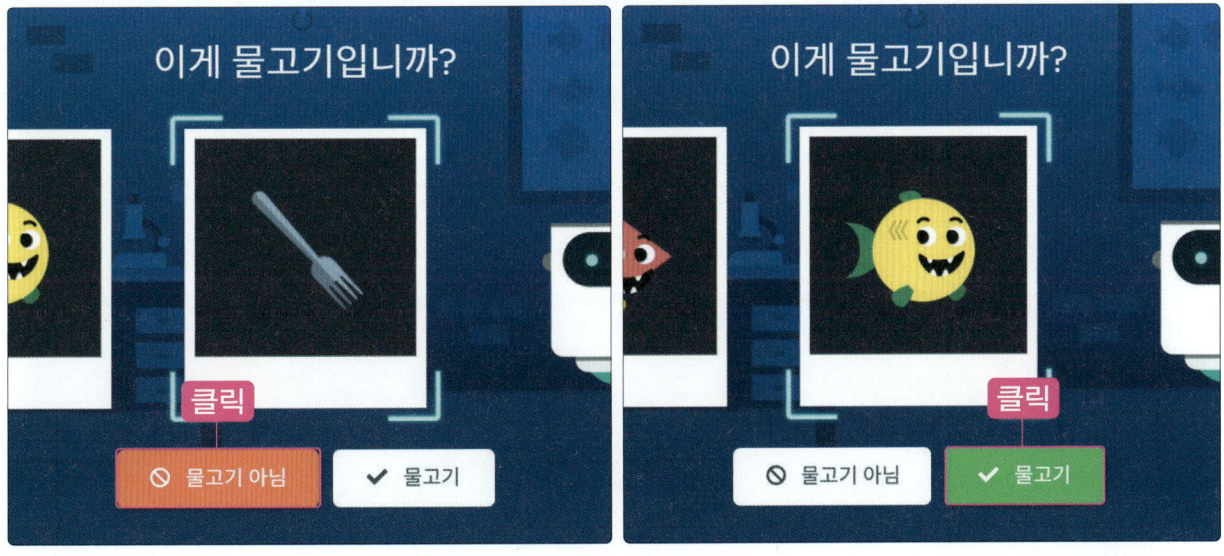

머신러닝의 학습 방법은 무엇일까요?
- 지도 학습 : 정답을 알려주면서 배우는 방법이에요. 예 : '이건 고양이야!'라고 알려주기
- 비지도 학습 : 정답 없이 스스로 그룹을 만드는 방법이에요. 예 : '비슷한 것끼리 모아봐!'
- 강화 학습 : 잘하면 칭찬!, 못하면 벌! 등 게임처럼 배우는 방법이에요. 예 : '점프하면 점수 올라가!'

4 인공지능(AI)의 학습 결과를 확인해요.

01 많은 정보가 학습되면 [계속]을 클릭한 후 결과를 확인하기 위해 [실행]을 클릭해요.

02 인공지능(AI) 로봇이 학습한 결과대로 하나씩 비교하면서 물고기를 찾아요.

03 인공지능(AI)의 학습이 완료되면 학습 내용에 따른 물고기를 표시하며, 잘못된 결과물이 표시되면 [학습 더 하기]를 클릭하고 다음 단계로 넘어갈 때는 [계속]을 클릭해요.

AI 활용 학습 업그레이드!

Copilot — 인공지능(AI)으로 배우는 학습 업그레이드

코파일럿 AI를 활용하여 아래의 내용을 알아보아요.

AI 검색 어린이가 사용할 수 있는 머신 러닝 도구에는 무엇이 있는지 설명해 주세요.

① [AI for Oceans]에서 새로운 해양 생물도 학습 시킨 후 인공지능(AI) 로봇이 정확한 학습 결과를 실행하는지 확인해 보아요.

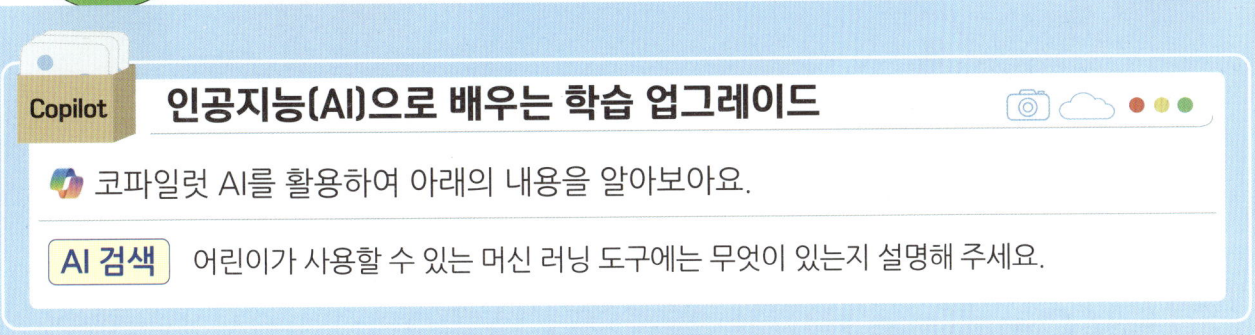

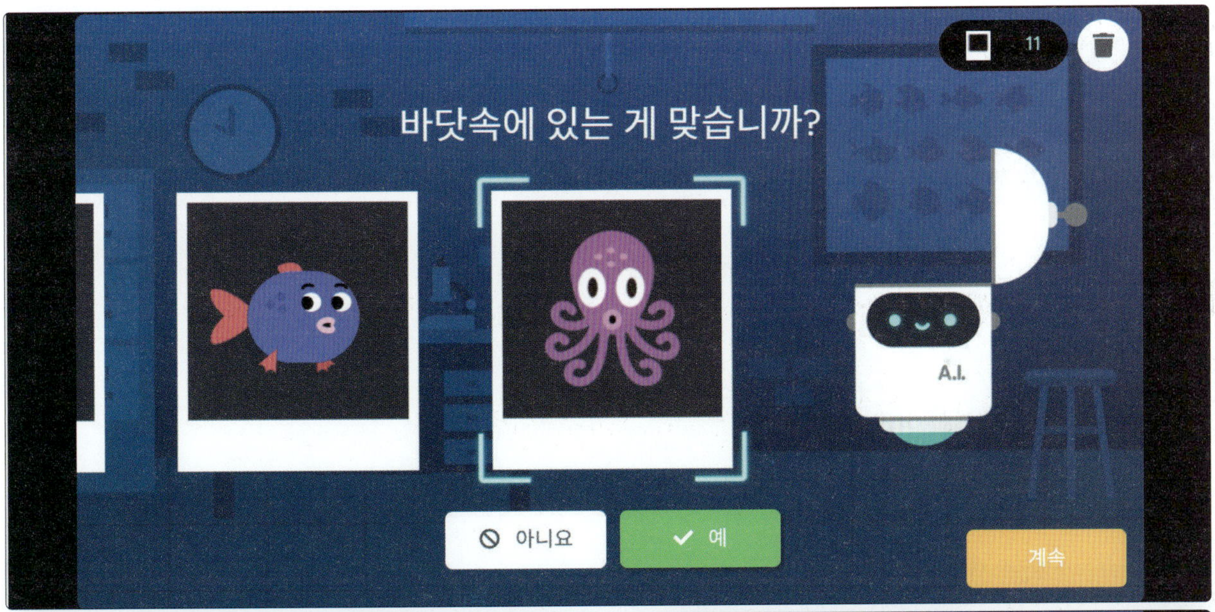

Lesson 18 • AI 머신러닝 알아보기 113

Lesson 19 마인크래프트 모험가 되기

배울 수 있어요!
- 코딩(Coding)에 대해 알 수 있어요.
- 마인크래프트 코딩을 배울 수 있어요.

코딩(Coding)이란 무엇인가요?

코딩은 컴퓨터에게 일을 시키는 방법을 말해요.
캐릭터 및 로봇 등을 움직이게 하거나 화면에 글자를 보여주는 등 다양한 명령을 특별한 언어(프로그래밍 언어)로 쓰는게 바로 코딩이라고 할 수 있죠.

코딩을 배우는 이유는 무엇인가요?

다양한 장치를 조종하거나 게임, 앱 등을 만들 수 있어요.
문제를 해결하는 똑똑한 방법을 배울 수 있어요.

유사어 반대어 찾기
인공지능(AI)에게 잘 물어보기 위한 문해력 높이기

문제 정직하다와 닮은 성격의 말은 무엇일까요?

'정직하다'와 비슷한 말은 무엇일까요?

- 솔직하다
- 거짓되다
- 속이다
- 교활하다

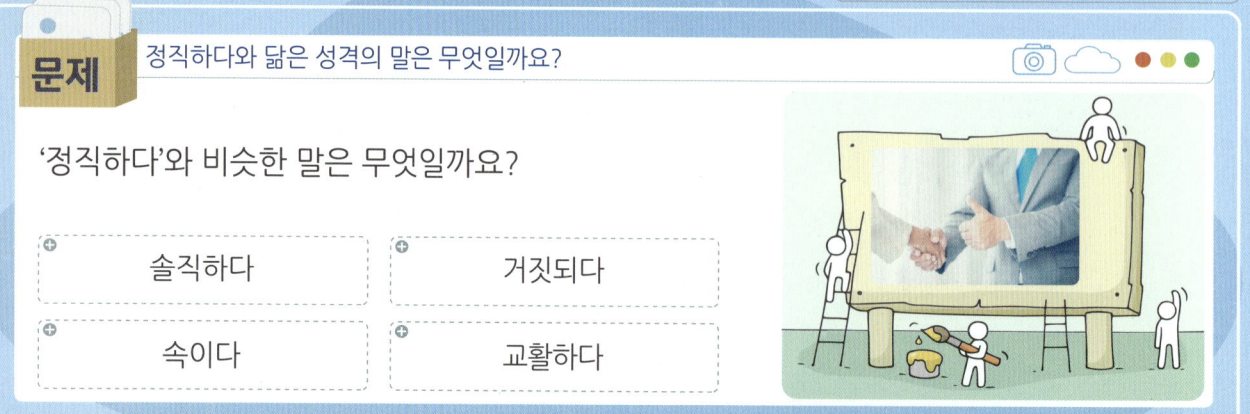

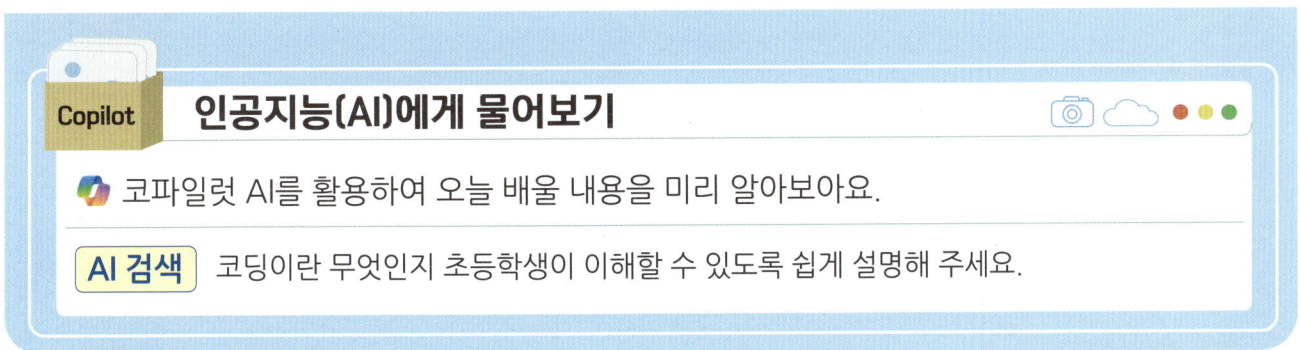

1 코딩(Doding)의 학습 사이트로 이동해요.

01 인터넷에서 '마인크래프트 모험가 code.org'를 검색한 후 [Minecraft Hour of Tutorials - Code.org]를 클릭해요.

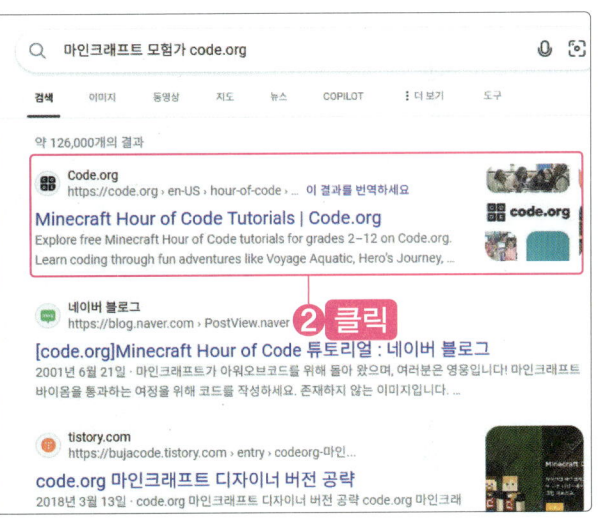

02 마인크래프트: 모험가 항목의 [커리큘럼 살펴보기]를 클릭해요.

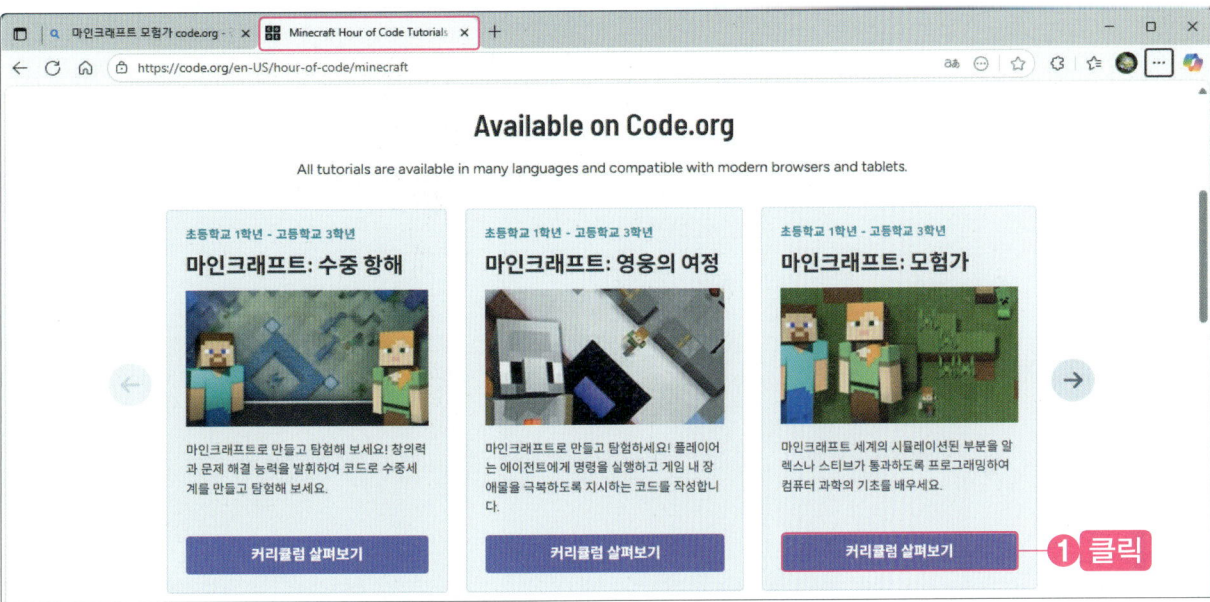

2 마인크래프트 코딩의 언어 및 캐릭터를 선택해요.

01 마인크래프트 모험가 화면이 표시되면 1단계를 클릭해요.

02 마인크래프트 모험가 소개 프레젠테이션의 닫기(✕)를 눌러 영상을 종료해요.

03 1단계 화면으로 이동하면 언어(한국어)를 수정하고 원하는 캐릭터를 선택해요.

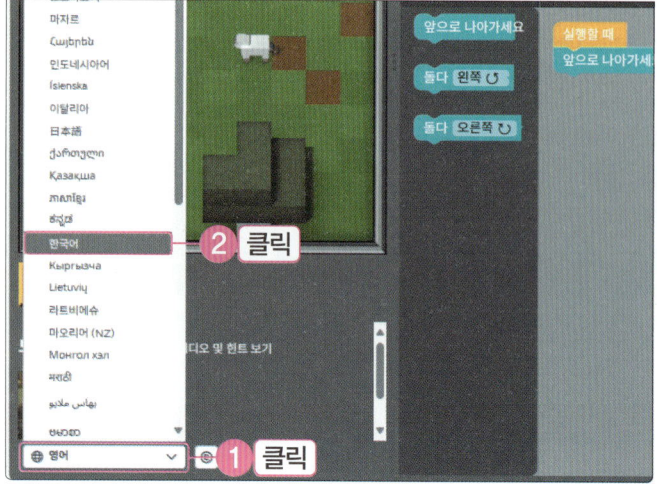

3 코딩 학습을 진행해요.

01 1단계 과제 내용인 양까지 가는 문제 풀이를 위해 블록을 드래그하여 연결한 후 [실행]을 클릭해요.

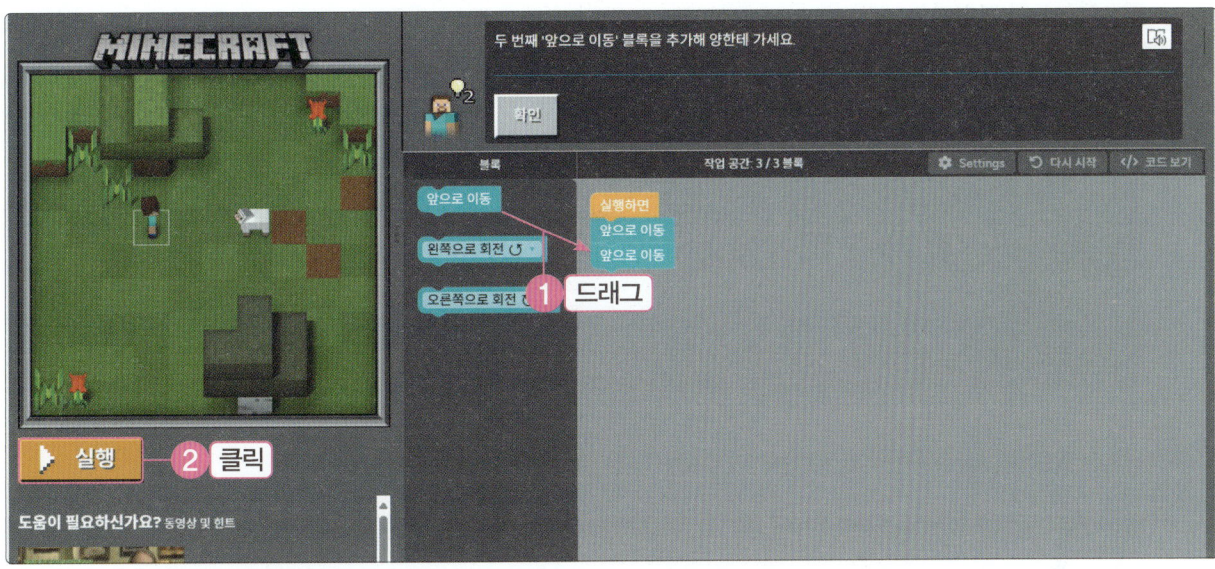

02 실행 화면에 블록 코딩에 따른 실행을 확인한 후 퍼즐이 완료되면 [계속]을 클릭해요.

↳ 블록 퍼즐이 잘못된 경우 [처음 상태로]를 클릭한 후 블록 퍼즐을 다시 완성할 수 있어요.

잘못 연결된 블록의 삭제는 어떻게 할까요?

- 블록 조립소에 연결된 블록 중 삭제할 블록을 블록 꾸러미 쪽으로 드래그하면 삭제( ) 아이콘이 표시되며, 삭제할 수 있어요.

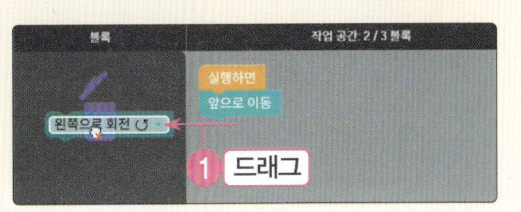

4 어려운 코딩 문제 힌트를 이용해요.

01 문제가 어려운 경우 캐릭터를 클릭한 후 [예]를 클릭하여 힌트 내용을 확인해요.

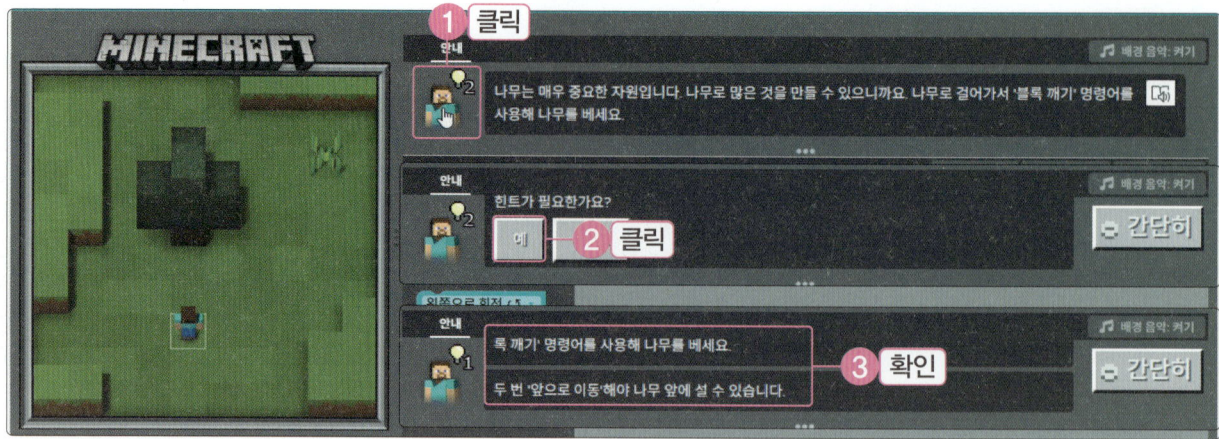

02 힌트 내용을 참고하여 블록 코딩을 완성한 후 [실행]을 클릭해요.

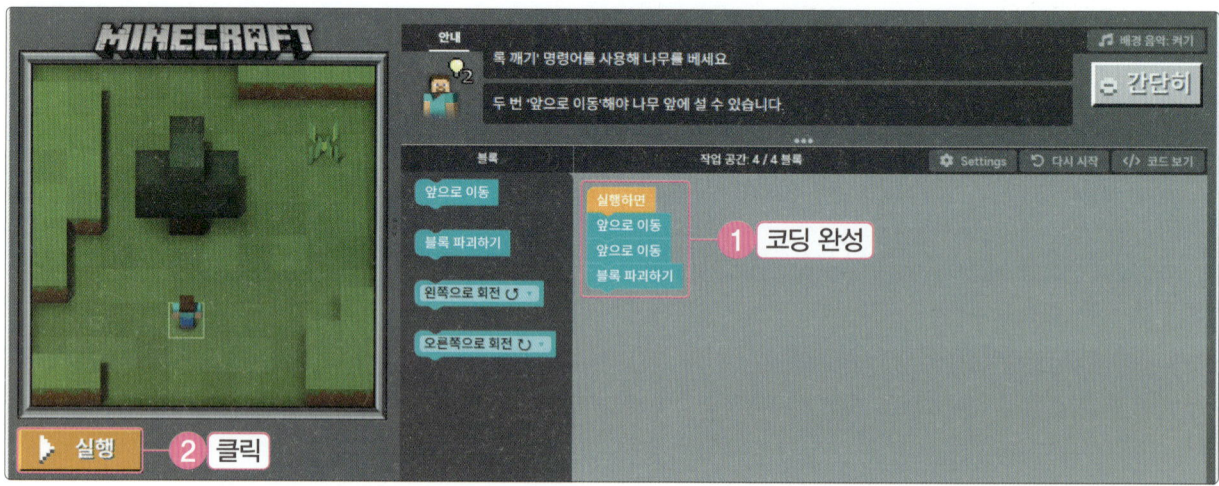

03 실행을 확인한 후 퍼즐이 완료되면 [계속]을 클릭해요. 같은 방법으로 단계별 코딩을 진행해요.

Copilot 인공지능(AI)으로 배우는 학습 업그레이드

코파일럿 AI를 활용하여 아래의 내용을 알아보아요.

AI 검색 어린이가 배울 수 있는 코딩 프로그램에는 무엇이 있는지 설명해 주세요.

1 14단계에서 아래 조건을 참고하여 블록 코딩을 완성하고 실행해 보아요.

조건 : 2개의 나무를 베고 2개의 광물을 채굴하도록 코딩해요.

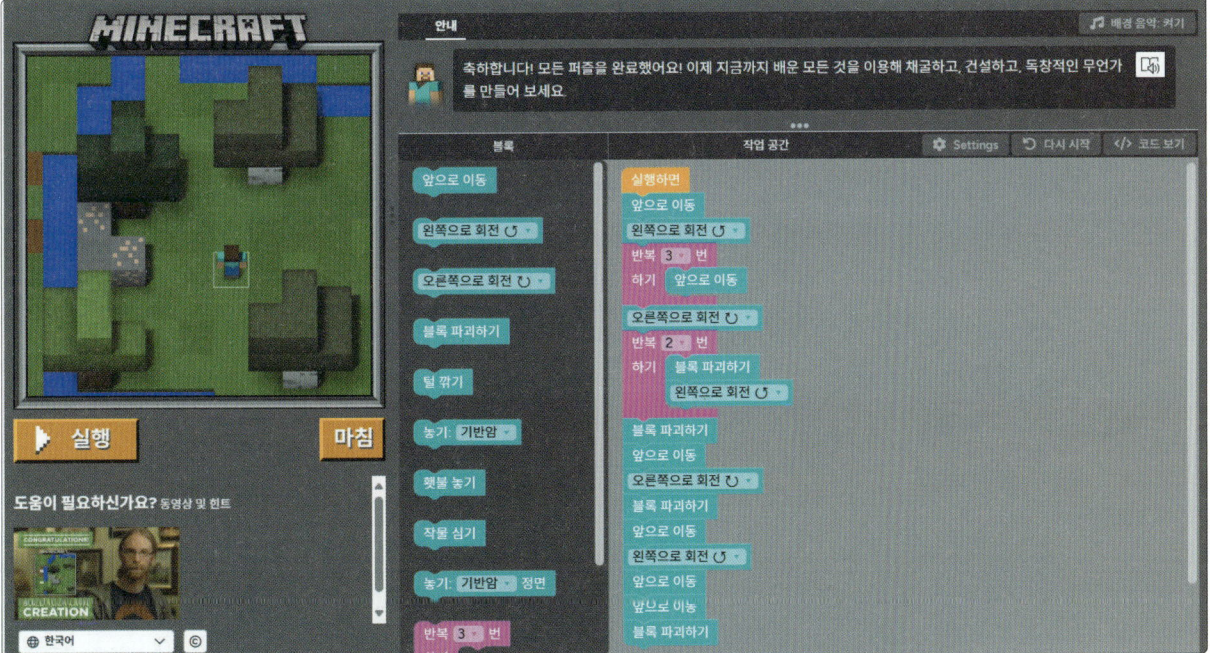

Lesson 20 메타버스 체험하기

배울 수 있어요!
- 메타버스에 대해 알 수 있어요.
- 네이버 젭(ZEP)의 사용 방법을 알 수 있어요.

메타 버스란 무엇인가요?

메타버스는 인터넷 속 가상 세계를 말해요. 마치 게임처럼 컴퓨터나 스마트폰으로 들어가서 내가 만든 캐릭터로 친구들과 놀 수 있는 공간이죠.
실제 세상처럼 생긴 인터넷 온라인 놀이터와 같은 공간이에요.

네이버 젭(Zep)은 무엇인가요?

네이버 젭(Zep)은 네이버에서 만든 메타버스 놀이터를 말해요.
선생님, 친구들과 같은 공간에 들어가서 다양한 체험과 수업 등을 함께해 볼 수 있어요.

속담·관용구 — 인공지능(AI)에게 잘 물어보기 위한 문해력 높이기

문제 낮에나 밤에나 말은 누군가 들을 수 있어요. 그래서 어떻게 해야 할까요?

'낮말은 새가 듣고 밤말은 쥐가 듣는다'의 뜻은 무엇일까요?

- 낮에는 새가 많고 밤에는 쥐가 많다
- 말은 어디서든 들릴 수 있으니 조심해야 한다
- 동물들이 사람 말을 이해한다
- 밤에는 조용히 해야 한다

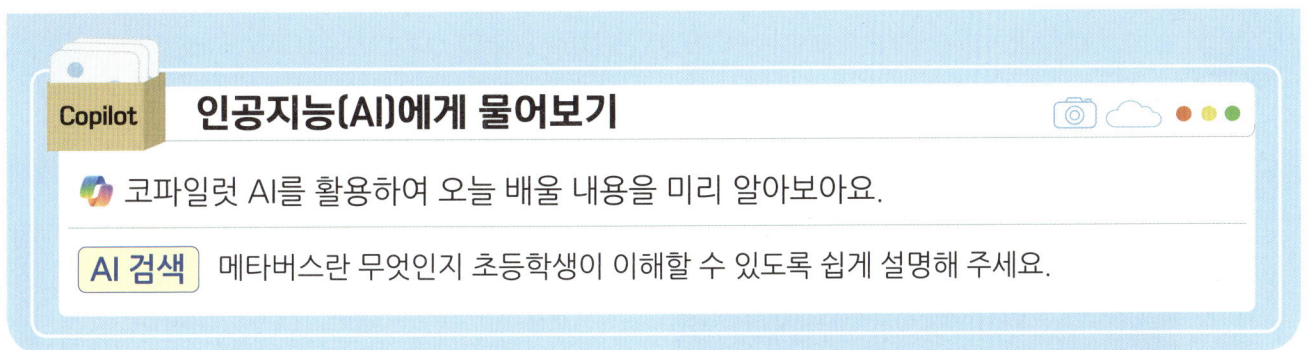

1 메타버스 네이버 ZEP(젭)으로 이동해요.

01 인터넷에서 '네이버 젭'을 검색한 후 네이버 [ZEP(젭)]을 클릭해요.

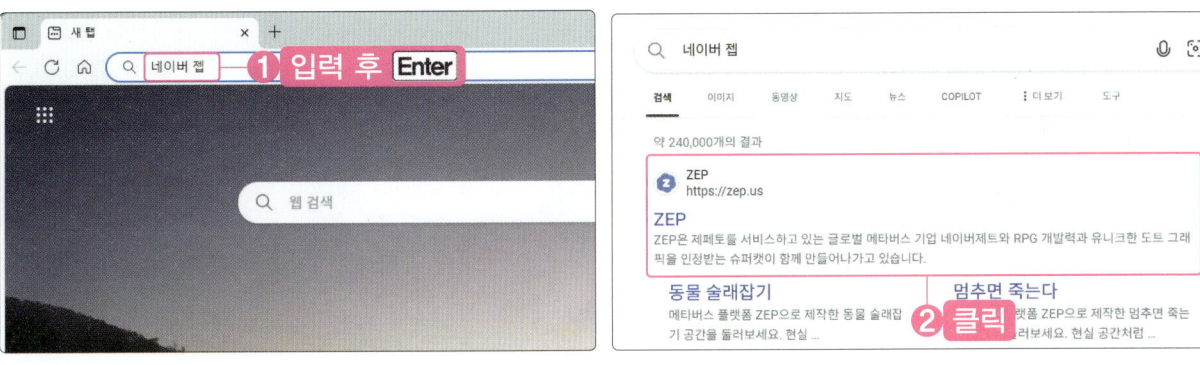

02 네이버 ZEP(젭)에서 [둘러보기]를 클릭해요.

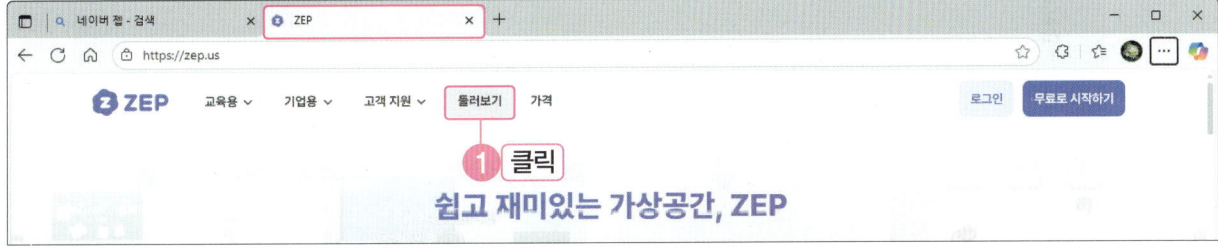

03 둘러보기 목록이 표시되면 [교육] 탭에서 [신재생에너지]를 클릭해요.

Lesson 20 • 메타버스 체험하기   121

2 신재생 에너지 메타버스를 체험해요.

01 어두운 방으로 이동되면 방향키로 이동, 메뉴얼에서 F4 를 눌러 ZEP PC의 조작 방법을 배워요.

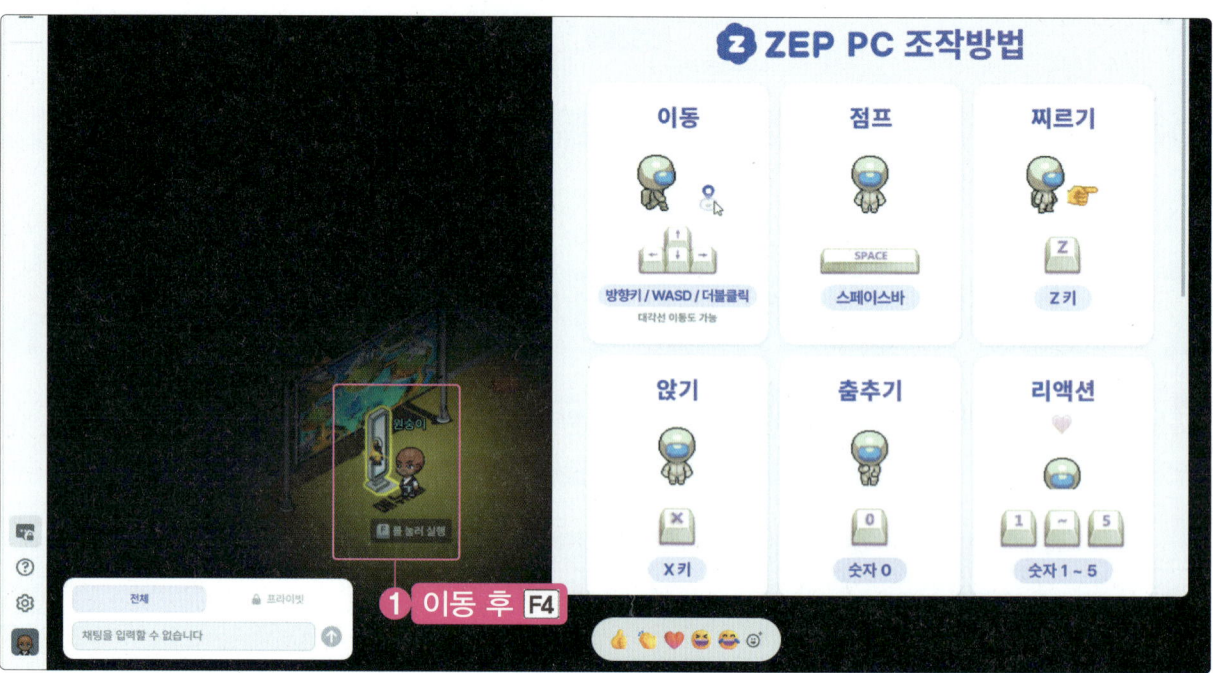

02 불을 켜기위해 신재생에너지 연구소로 이동해요.

나의 캐릭터를 꾸며요.
- 화면 왼쪽 아래의 [내 프로필]을 클릭하면 프로필 정보가 표시되며, 아바타 꾸미기를 통해 아바타를 수정할 수 있어요.
- 닉네임 편집(✏)을 클릭하면 닉네임 이름을 수정할 수 있어요.

03 신재생에너지 연구소로 이동되면 채니와 미니의 안내를 참고하여 자전거 간이 발전소 앞으로 이동한 후 스위치를 F4를 눌러 연구소의 불을 켜요.

04 전기 저장소를 살펴본 후 화력발전 시설로 이동해요.

신재생에너지 백과사전에서 힌트를 얻어요.
- 신재생에너지 메타 공간에는 다양한 퀴즈를 통해 다음 단계로 이동할 수 있어요. 이때 퀴즈에 필요한 정보는 백과사전을 이용하며, 길 마다 모니터 화면에서 F4를 누르면 확인할 수 있어요.

화석연료와 수력/수소/풍력/태양 에너지를 공부해요.

01 화석연료 및 수력 에너지 문제 퀴즈를 풀면서 이동해요.

02 수소 에너지 및 풍력 발전을 퀴즈를 풀면서 이동해요.

 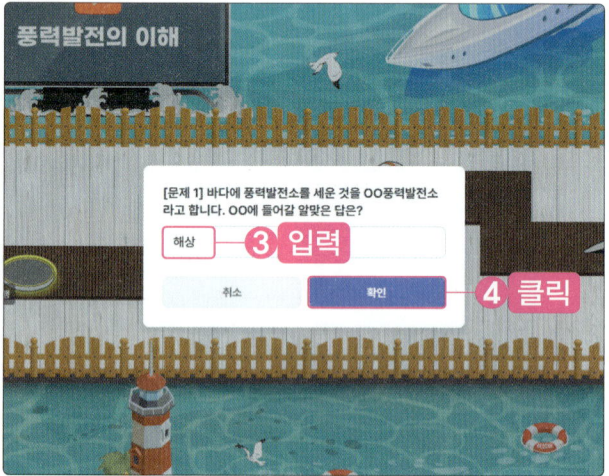

03 같은 방법으로 태양열 발전까지 모두 배워요.

Copilot 인공지능(AI)으로 배우는 학습 업그레이드

🌀 코파일럿 AI를 활용하여 아래의 내용을 알아보아요.

AI 검색 네이버 제페토에서 메타버스를 체험하는 방법을 어린이가 이해할 수 있도록 설명해 주세요.

1 네이버 ZEP(젭)에서 독도히어로 메타버스에 입장하여 체험해 보아요.

🐙 독도 히어로 : 독도 어드벤처, 독도히어로 메타버스로 들어가 독도 체험관 및 어드벤처를 둘러보기
🐙 아바타 꾸미기 : 닉네임과 아바타를 원하는 모양으로 꾸미기

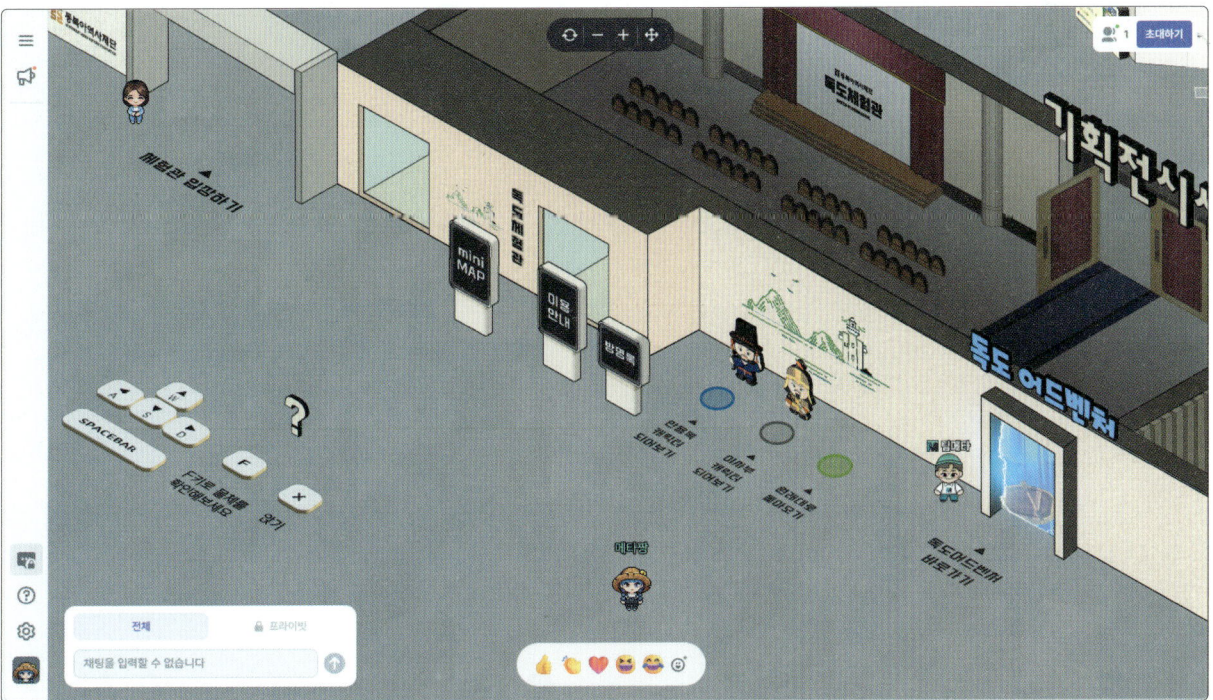

Lesson 20 • 메타버스 체험하기 125

Lesson 21 종합 활동 문제

01 키보드의 기능에 대해 알맞게 연결해 보아요.

Delete (딜리트)　●　　　●　커거의 뒤쪽 글자를 삭제

CapsLock (캡스락)　●　　　●　커거의 앞쪽 글자를 삭제

Shift (시프트)　●　　　●　명령을 실행

Enter (엔터)　●　　　●　영문 대문자 또는 소문자를 선택

BackSpace (백스페이스)　●　　　●　한글의 쌍자음 또는 특수문자 입력

02 마우스의 기능에 대해 알맞게 열결해 보아요.

클릭(Click)　●　　　●　메뉴 또는 아이콘을 실행할 때 사용

더블클릭(Double Click)　●　　　●　확대 또는 축소할 때 사용

휠 드래그　●　　　●　메뉴 또는 아이콘을 선택할 때 사용

오른쪽 단추 클릭　●　　　●　바로 가기 메뉴를 보여줄 때 사용

03 키보드의 키 중에서 혼자서는 사용할 수 없고 다른 키와 조합하여 사용 가능한 키의 종류가 아닌것은 무엇일까요?

❶ Ctrl　　❷ Shift　　❸ SpaceBar　　❹ Alt

04 K마블(kmable.co.kr/game)에서 마우스 게임을 실행해 보아요.

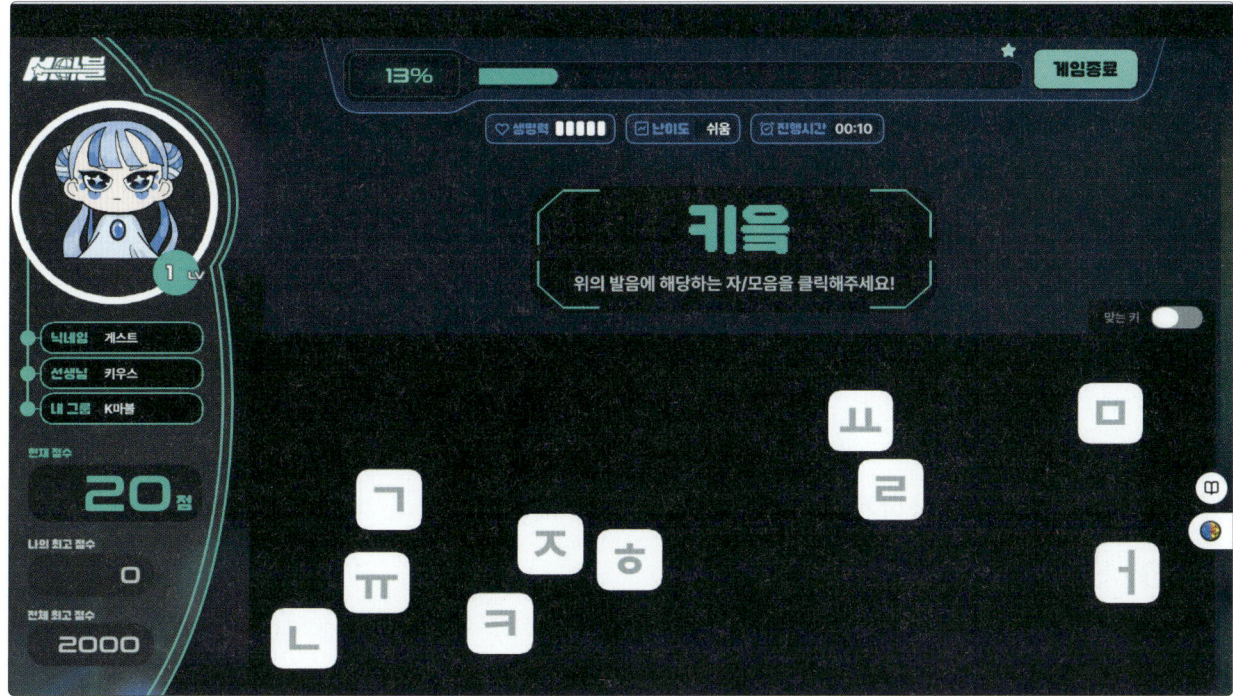

05 K마블(kmable.co.kr/game)에서 키보드 게임을 실행해 보아요.

Lesson 22 종합 활동 문제

01 책가방이나 서랍과 같이 파일을 넣어 정리할 수 있는 공간을 의미하는 용어는 무엇일까요?

❶ 폴더   ❷ 마우스   ❸ 아이콘   ❹ 그림

02 윈도우에서 폴더가 필요한 이유 설명으로 옳지 않은 것은 무엇일까요?

❶ 정리 정돈을 잘할 수 있어요.
❷ 컴퓨터가 더 깔끔하게 보여요.
❸ 삭제를 할 수 없어 안전해요.
❹ 찾기 쉬워져서 찾는 시간이 절약돼요.

03 키보드의 단축키 중에서 복사할 때 사용하는 키의 조합으로 옳든 것은 무엇일까요?

❶ Ctrl+V   ❷ Ctrl+A   ❸ Ctrl+C   ❹ Ctrl+X

04 휴지통( )의 설명으로 옳지 않은 것은 무엇일까요?

❶ 실수로 중요한 파일이 지웠을 때 다시 복원할 수 있어요.
❷ 휴지통에서 비우기를 실행하면 다시 원래의 있던 곳으로 이동해요.
❸ 필요 없는 파일이나 폴더를 지웠을 때 옮겨지는 공간이에요.
❹ 파일이나 폴더를 선택하고 키보드의 Delete 를 누르면 휴지통으로 이동해요.

05 그림판 프로그램을 실행한 후 '그림1' 파일을 열고 아래 그림을 참고하여 원하는 색으로 색칠하기를 해보아요.

06 그림판 프로그램을 실행한 후 '그림2' 파일을 열고 아래 그림을 참고하여 원하는 색으로 색칠하기를 해보아요.

Lesson 23 종합 활동 문제

01 창 조절 단추 중에서 창의 크기를 화면 크기에 맞춰 크게 표현할 때 사용하는 단추는 무엇일까요?

❶ — ❷ ☐ ❸ ⧉ ❹ ✕

02 다음 중 윈도우11에서 제공하는 보조프로그램 종류로 옳지 않은 것은 무엇일까요?

❶ 그림판 ❷ 계산기 ❸ 엑셀 ❹ 메모장

03 윈도우11의 보조프로그램 중에서 그림 또는 텍스트 형식으로 저장할 수 있도록 도와주는 프로그램은 무엇일까요?

❶ 윈도우 탐색기 ❷ 그림판 ❸ 스티커 메모 ❹ 캡처 도구

04 그림판 3D에서 삽입한 이미지의 좌우를 바꾸어 표현할 때 사용하는 도구는 무엇일까요?

❶ ↺ ❷ ↻ ❸ ◭ ❹ ◁

05 디지털 환경에서 감정이나 분위기를 표현하는 작은 그림을 무엇이라고 할까요?

❶ 특수키 ❷ 한자키 ❸ 아이콘 ❹ 이모지

06 다음 중 계산기로 계산할 수 없는 것은 무엇일까요?

❶ 통화 환율 ❷ 내일 날씨 ❸ 날짜 단위 ❹ 길이 단위

07 마이크로 소프트 스토어(Microsoft Store)에서 픽셀아트를 검색하여 [Pixel Art Studio Free] 파일을 다운로드 받아 설치해 보아요.

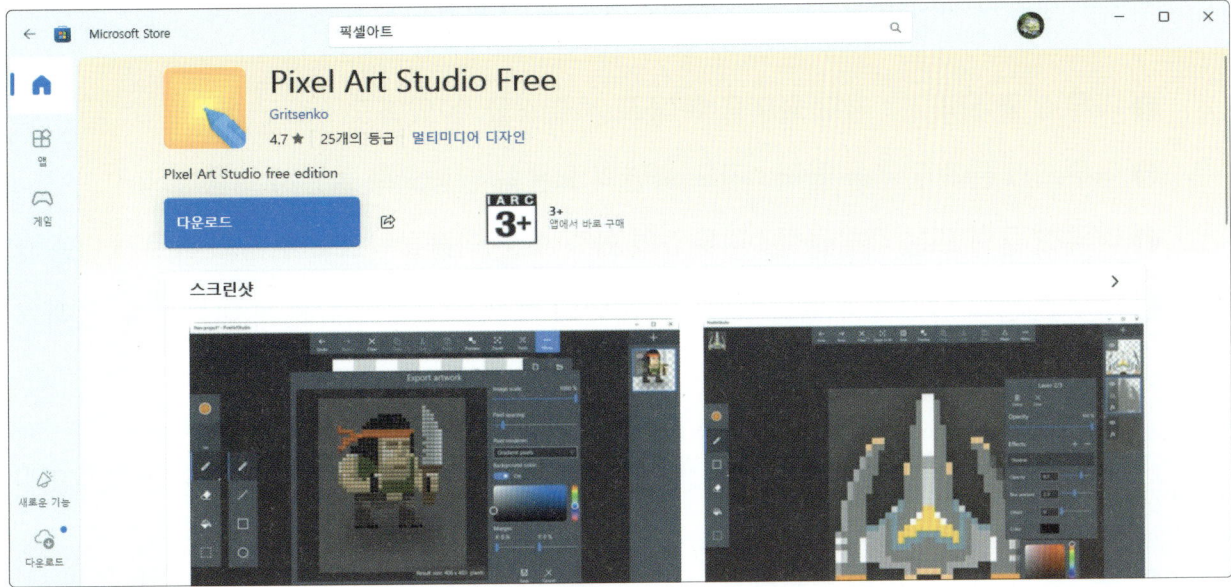

08 설치한 [Pixel Art Studio Free] 앱을 이용하여 원하는 픽셀 그림을 그려보아요.

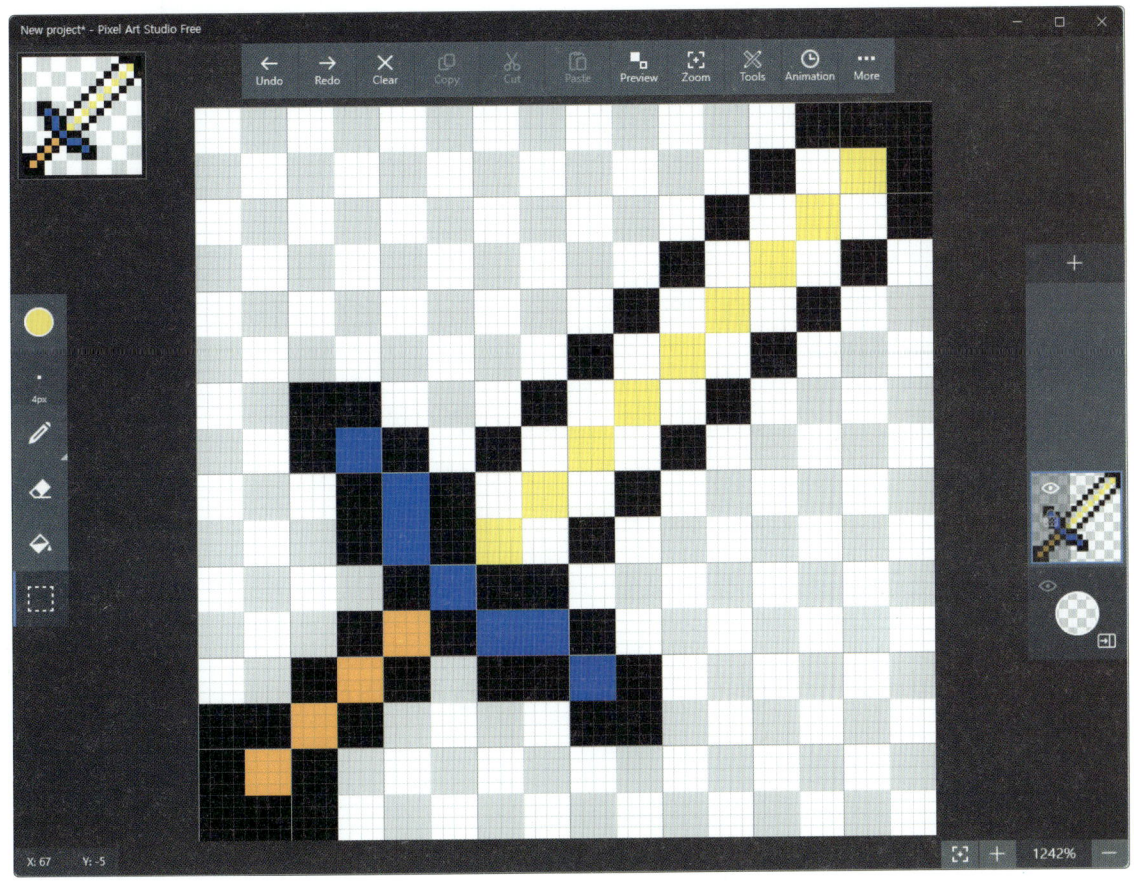

Lesson 24 종합 활동 문제

01 네이버 지도의 거리뷰에서 움직임에 사용하는 도구 설명으로 옳지 않은 것은 무엇일까요?

❶ 마우스 휠 굴리기 : 지도 화면을 확대 또는 축소할 수 있어요.
❷ 마우스 오른쪽 단추를 클릭 : 지도 화면의 오른쪽 방향으로 돌면서 이동해요.
❸ 마우스 클릭 또는 더블클릭 : 마우스의 클릭 또는 더블클릭으로 위치로 빠르게 이동해요.
❹ 마우스 왼쪽 단추를 누르고 드래그 : 화면의 보는 시점을 자유롭게 이동할 수 있어요.

02 네이버 지도에서 특정 지역까지 가는 방법을 알기 위해 사용하는 기능으로 옳은 것은 무엇일까요?

❶ 음식찾기   ❷ 병원찾기   ❸ 길찾기   ❹ 약도찾기

03 네이버 지도에서 검색할 수 없는 기능은 무엇일까요?

❶ 길찾기   ❷ 지하철 노선   ❸ 자전거 공유   ❹ 버스 노선

04 사람처럼 생각하고 배우며 우리에게 도움을 주는 똑똑한 컴퓨터을 무엇이라고 할까요?

❶ 다중지능   ❷ 인공지능   ❸ 감성지능   ❹ 공감지능

05 컴퓨터가 스스로 규칙을 찾아내면서 배워, 똑똑해지도록 공부하는 방법을 무엇이라고 할까요?

❶ 러닝스포츠   ❷ 러닝크루   ❸ 러닝머신   ❹ 머신러닝

06 인터넷에서 '마인크래프트 항해 아쿠아틱 code.org'를 검색하여 이동한 후 단계별로 블록 코딩을 배워 보아요.

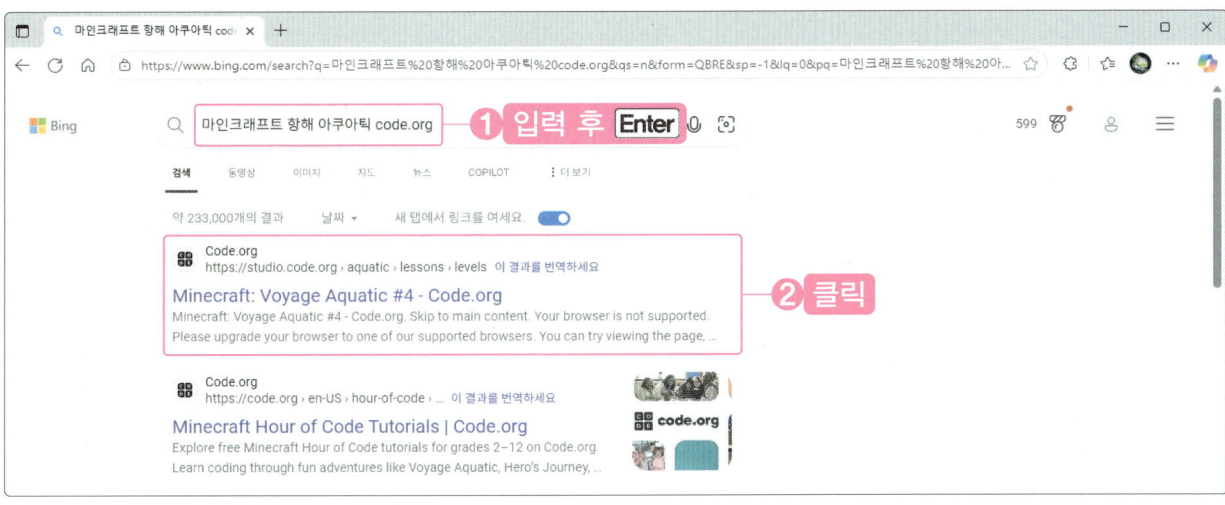

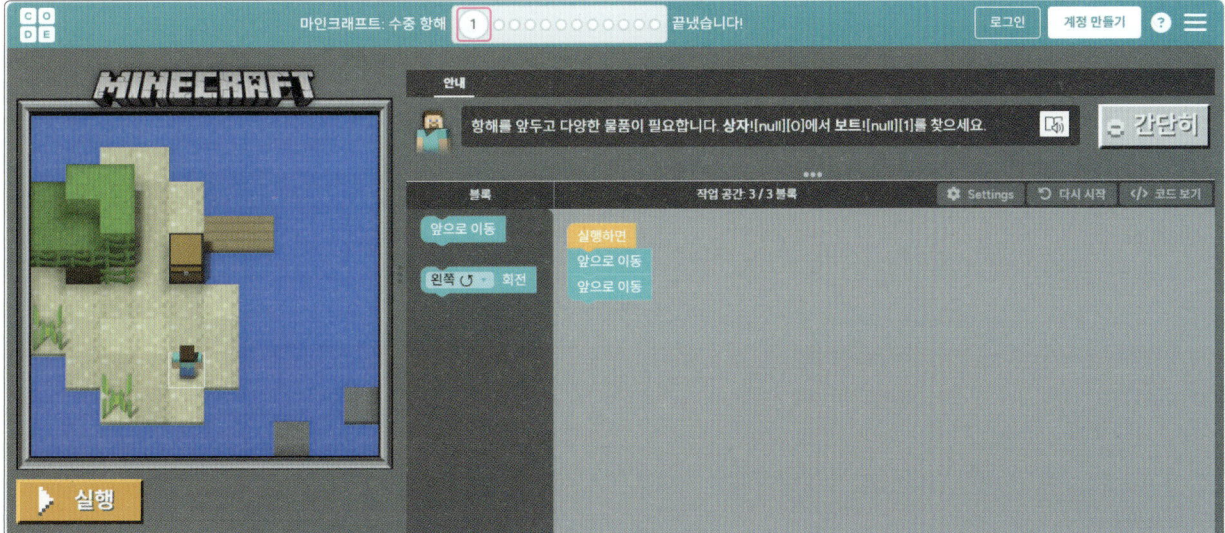

MEMO